書名：段氏白話命學綱要
系列：心一堂術數古籍珍本叢刊　星命類
作者：〔民國〕段方

主編、責任編輯：陳劍聰
心一堂術數古籍珍本叢刊編校小組：陳劍聰　素聞　梁松盛　鄒偉才　虛白盧主

出版：心一堂有限公司
地址／門市：香港九龍尖沙咀東麼地道六十三號好時中心LG 六十一室
電話號碼：+852-6715-0840　+852-3466-1112
網址：publish.sunyata.cc
電郵：sunyatabook@gmail.com
網上書店：http://book.sunyata.cc
網上論壇：http://bbs.sunyata.cc/

版次：二零一四年五月初版
平裝

　港幣　　八十元正
定價：人民幣　八十元正
　新台幣　二百八十元正

國際書號：ISBN 978-988-8266-79-1

香港及海外發行：香港聯合書刊物流有限公司
地址：香港新界大埔汀麗路三十六號中華商務印刷大廈三樓
電話號碼：+852-2150-2100
傳真號碼：+852-2407-3062
電郵：info@suplogistics.com.hk

台灣發行：秀威資訊科技股份有限公司
地址：台灣台北市內湖區瑞光路七十六巷六十五號一樓
電話號碼：+886-2-2796-3638
傳真號碼：+886-2-2796-1377
網路書店：www.govbooks.com.tw
　　　　　www.bodbooks.com.tw
經銷：易可數位行銷股份有限公司
地址：台灣新北市新店區寶橋路二三五巷六弄三號五樓
電話號碼：+886-2-8911-0825
傳真號碼：+886-2-8911-0801
email：book-info@ecorebooks.com
易可部落格：http://ecorebooks.pixnet.net/blog

中國大陸發行・零售：心一堂書店
深圳地址：中國深圳羅湖立新路六號東門博雅負一層零零八號
電話號碼：+86-755-8222-4934
北京地址：中國北京東城區雍和宮大街四十號
心一店淘寶網：http://sunyatacc.taobao.com

心一堂術數古籍 珍本 整理 叢刊 總序

術數定義

術數，大概可謂以「推算（推演）、預測人（個人、群體、國家等）、事、物、自然現象、時間、空間方位等規律及氣數，並或通過種種『方術』，從而達致趨吉避凶或某種特定目的」之知識體系和方法。

術數類別

我國術數的內容類別，歷代不盡相同，例如《漢書・藝文志》中載，漢代術數有六類：天文、曆譜、五行、蓍龜、雜占、形法。至清代《四庫全書》，術數類則有：數學、占候、相宅相墓、占卜、命書、相書、陰陽五行、雜技術等，其他如《後漢書・方術部》、《藝文類聚・方術部》、《太平御覽・方術部》等，對於術數的分類，皆有差異。古代多把天文、曆譜、及部份數學均歸入術數類，而民間流行亦視傳統醫學作為術數的一環；此外，有些術數與宗教中的方術亦往往難以分開。現代學界則常將各種術數歸納為五大類別：命、卜、相、醫、山，通稱「五術」。

本叢刊在《四庫全書》的分類基礎上，將術數分為九大類別：占筮、星命、相術、堪輿、選擇、三式、讖諱、理數（陰陽五行）、雜術（其他）。而未收天文、曆譜、算術、宗教方術、醫學。

術數思想與發展——從術到學，乃至合道

我國術數是由上古的占星、卜筮、形法等術發展下來的。其中卜筮之術，是歷經夏商周三代而通過

「龜卜、蓍筮」得出卜（筮）辭的一種預測（吉凶成敗）術，之後歸納並結集成書，此即現傳之《易經》。經過春秋戰國至秦漢之際，受到當時諸子百家的影響、儒家的推崇，遂有《易傳》等的出現，原本是卜筮術書的《易經》，被提升及解讀成有包涵「天地之道（理）」之學。因此，《易・繫辭傳》曰：「易與天地準，故能彌綸天地之道。」

漢代以後，易學中的陰陽學說，與五行、九宮、干支、氣運、災變、律曆、卦氣、讖緯、天人感應說等相結合，形成易學中象數系統。而其他原與《易經》本來沒有關係的術數，如占星、形法、選擇，亦漸漸以易理（象數學說）為依歸。《四庫全書・易類小序》云：「術數之興，多在秦漢以後。要其旨，不出乎陰陽五行，生尅制化。實皆《易》之支派，傳以雜說耳。」至此，術數可謂已由「術」發展成「學」。

及至宋代，術數理論與理學中的河圖洛書、太極圖、邵雍先天之學及皇極經世等學說給合，通過術數以演繹理學中「天地中有一太極，萬物中各有一太極」（《朱子語類》）的思想。術數理論不單已發展至十分成熟，而且也從其學理中衍生一些新的方法或理論，如《梅花易數》、《河洛理數》等。

在傳統上，術數功能往往不止於僅僅作為趨吉避凶的方術，及「能彌綸天地之道」的學問，亦有其「修心養性」的功能，「與道合一」（修道）的內涵。《素問・上古天真論》：「上古之人，其知道者，法於陰陽，和於術數。」數之意義，不單是外在的算數、歷數、氣數，而是與理學中同等的「道」、「理」--心性的功能，北宋理氣家邵雍對此多有發揮：「聖人之心，是亦數也」、「萬化萬事生乎心」、「心為太極」。《觀物外篇》：「先天之學，心法也。……蓋天地萬物之理，盡在其中矣，心一而不分，則能應萬物。」反過來說，宋代的術數理論，受到當時理學、佛道及宋易影響，認為心性本質上是等同天地之太極。天地萬物氣數規律，能通過內觀自心而有所感知，即是內心也已具備有術數的推演及預測、感知能力；相傳是邵雍所創之《梅花易數》，便是在這樣的背景下誕生。

《易・文言傳》已有「積善之家，必有餘慶；積不善之家，必有餘殃」之說，至漢代流行的災變說及讖緯說，我國數千年來都認為天災，異常天象（自然現象），皆與一國或一地的施政者失德有關；下至家族、個人之盛衰，也都與一族一人之德行修養有關。因此，我國術數中除了吉凶盛衰理數之外，人心的德行修養，也是趨吉避凶的一個關鍵因素。

術數與宗教、修道

在這種思想之下，我國術數不單只是附屬於巫術或宗教行為的方術，又往往是一種宗教的修煉手段——通過術數，以知陰陽，乃至合陰陽（道）。「其知道者，法於陰陽，和於術數。」例如，「奇門遁甲」術中，即分為「術奇門」與「法奇門」兩大類。「法奇門」中有大量道教中符籙、手印、存想、內煉的內容，是道教內丹外法的一種重要外法修煉體系。甚至在雷法一系的修煉上，亦大量應用了術數內容。此外，相術、堪輿術中也有修煉望氣（氣的形狀、顏色）的方法；堪輿家除了選擇陰陽宅之吉凶外，也有道教中選擇適合修道環境（法、財、侶、地中的地）的方法，以至通過堪輿術觀察天地山川陰陽之氣，亦成為領悟陰陽金丹大道的一途。

易學體系以外的術數與的少數民族的術數

我國術數中，也有不用或不全用易理作為其理論依據的，如揚雄的《太玄》、司馬光的《潛虛》。也有一些占卜法、雜術不屬於《易經》系統，不過對後世影響較少而已。

外來宗教及少數民族中也有不少雖受漢文化影響（如陰陽、五行、二十八宿等學說）但仍自成系統的術數，如古代的西夏、突厥、吐魯番等占卜及星占術，藏族中有多種藏傳佛教占卜術、苯教占卜術、擇吉術、推命術、相術等；北方少數民族有薩滿教占卜術；不少少數民族如水族、白族、布朗族、佤族、彝族、苗族等，皆有占雞（卦）草卜、雞蛋卜等術，納西族的占星術、占卜術，彝族畢摩的推命術、占卜術……等等，都是屬於《易經》體系以外的術數。相對上，外國傳入的術數以及其理論，對我國術數影響更大。

曆法、推步術與外來術數的影響

我國的術數與曆法的關係非常緊密。早期的術數中，很多是利用星宿或星宿組合的位置（如某星在某州或某宮某度）付予某種吉凶意義，并據之以推演，例如歲星（木星）、月將（某月太陽所躔之宮次）等。不過，由於不同的古代曆法推步的誤差及歲差的問題，若干年後，其術數所用之星辰的位置，已與真實星辰的位置不一樣了；此如歲星（木星），早期的曆法及術數以十二年為一周期（以應地支），與木星真實周期十一點八六年，每幾十年便錯一宮。後來術家又設一「太歲」的假想星體來解決，是歲星運行的相反，週期亦剛好是十二年。而術數中的神煞，很多即是根據太歲的位置而定。又如六壬術中的「月將」，原是立春節氣後太陽躔娵訾之次而稱作「登明亥將」，至宋代，因歲差的關係，要到雨水節氣後太陽才躔娵訾之次，當時沈括提出了修正，但明清時六壬術中「月將」仍然沿用宋代沈括修正的起法沒有再修正。

由於以真實星象周期的推步術是非常繁複，而且古代星象推步術本身亦有不少誤差，大多數術數除依曆書保留了太陽（節氣）、太陰（月相）的簡單宮次計算外，漸漸形成根據干支、日月等的各自起例，以起出其他具有不同含義的眾多假想星象及神煞系統。唐宋以後，我國絕大部份術數都主要沿用這一系統，也出現了不少完全脫離真實星象的術數，如《子平術》、《紫微斗數》、《鐵版神數》等。後來就連一些利用真實星辰位置的術數，如《七政四餘術》及選擇法中的《天星選擇》，也已與假想星象及神煞混合而使用了。

隨着古代外國曆（推步）、術數的傳入，如唐代傳入的印度曆法及術數，元代傳入的回回曆等，其中我國占星術便吸收了印度占星術中羅睺星、計都星等而形成四餘星，又通過阿拉伯占星術而吸收了其中來自希臘、巴比倫占星術的黃道十二宮、四元素學說（地、水、火、風），並與我國傳統的二十八宿、五行說、神煞系統並存而形成《七政四餘術》。此外，一些術數中的北斗星名，不用我國傳統的星名：天樞、天璇、天璣、天權、玉衡、開陽、搖光，而是使用來自印度梵文所譯的：貪狼、巨門、祿存、文曲，廉貞、武曲、破軍等，此明顯是受到唐代從印度傳入的曆法及占星術所影響。如星命術的《紫微斗數》及堪輿術的《撼龍經》等文獻中，其星皆用印度譯名。及至清初《時憲曆》，置閏之法則改用西法「定氣」。清代以後的術數，又作過不少的調整。

陰陽學——術數在古代、官方管理及外國的影響

術數在古代社會中一直扮演着一個非常重要的角色，影響層面不單只是某一階層、某一職業、某一年齡的人，而是上自帝王，下至普通百姓，從出生到死亡，不論是生活上的小事如洗髮、出行等，大事如建房、入伙、出兵等，從個人、家族以至國家，從天文、氣象、地理到人事、軍事，從民俗、學術到宗教，都離不開術數的應用。我國最晚在唐代開始，已把以上術數之學，稱作陰陽（學），行術數者稱陰陽人。（敦煌文書、斯四三二七唐《師師漫語話》：「以下說陰陽人謾語話」，此說法後來傳入日本，今日本人稱行術數者為「陰陽師」）。一直到了清末，欽天監中負責陰陽術數的官員中，以及民間術數之士，仍名陰陽生。

古代政府的中欽天監（司天監），除了負責天文、曆法、輿地之外，亦精通其他如星占、選擇、堪輿等術數，除在皇室人員及朝庭中應用外，也定期頒行日書、修定術數，使民間對於天文、日曆用事吉

凶及使用其他術數時，有所依從。

中國古代政府對官方及民間陰陽學及陰陽官員，從其內容、人員的選拔、培訓、認證、考核、律法監管等，都有制度。至明清兩代，其制度更為完善、嚴格。

宋代官學之中，課程中已有陰陽學及其考試的內容。（宋徽宗崇寧三年〔一一零四年〕崇寧算學令：「諸學生習……並曆算、三式、天文書。」，「諸試……三式即射覆及預占三日陰陽風雨。天文即預定一月或一季分野災祥，並以依經備草合問為通。」

金代司天臺，從民間「草澤人」（即民間習術數之士）考試選拔：「其試之制，以《宣明曆》試推步，及《婚書》、《地理新書》試合婚、安葬，並《易》筮法，六壬課、三命、五星之術。」（《金史》卷五十一．志第三十二．選舉一）

元代為進一步加強官方陰陽學對民間的影響、管理、控制及培育，除沿襲宋代、金代在司天監掌管陰陽學及中央的官學陰陽學課程之外，更在地方上增設陰陽學之課程（《元史．選舉志一》：「世祖至元二十八年夏六月始置諸路陰陽學。」）地方上也設陰陽學教授員，培育及管轄地方陰陽人。（《元史．選舉志一》：「（元仁宗）延祐初，令陰陽人依儒醫例，於路、府、州設教授員，凡陰陽人皆管轄之，而上屬於太史焉。」）自此，民間的陰陽術士（陰陽人），被納入官方的管轄之下。

至明清兩代，陰陽學制度更為完善。中央欽天監掌管陰陽學，明代地方縣設陰陽學正術，各州設陰陽學典術，各縣設陰陽學訓術。陰陽人從地方陰陽學肆業或被選拔出來後，再送到欽天監考試。（《大明會典》卷二二三：「凡天下府州縣舉到陰陽人堪任正術等官者，俱從吏部送（欽天監），考中，送回選用；不中者發回原籍為民，原保官吏治罪。」）清代大致沿用明制，凡陰陽術數之流，悉歸中央欽天監及地方陰陽官員管理、培訓、認證。至今尚有「紹興府陰陽印」、「東光縣陰陽學記」等明代銅印，及某某縣某某之清代陰陽執照等傳世。

清代欽天監漏刻科對官員要求甚為嚴格。《大清會典》「國子監」規定：「凡算學之教，設肄業生。滿洲十有二人，蒙古、漢軍各六人，於各旗官學內考取。漢十有二人，於舉人、貢監生童內考取。附學生二十四人，由欽天監選送。教以天文演算法諸書，五年學業有成，舉人引見以欽天監博士用，貢監生童以天文生補用。」學生在官學肄業、貢監生肄業或考得舉人後，經過了五年對天文、算法、陰陽學的學習，其中精通陰陽術數者，會送往漏刻科。而在欽天監供職的官員，《大清會典則例》「欽天監」規定：「本監官生三年考核一次，術業精通者，保題升用。不及者，停其升轉，再加學習。如能黽勉供職，即予開複。仍不及者，降職一等，再令學習三年，能習熟者，准予開複，仍不能者，黜退。」除定期考核以定其升用降職外，《大清律例》中對陰陽術士不準確的推斷（妄言禍福）是要治罪的。《大清律例・一七八・術七・妄言禍福》：「凡陰陽術士不許於大小文武官員之家妄言禍福，違者杖一百。其依經推算星命卜課，不在禁限。」大小文武官員延請的陰陽術士，自然是以欽天監漏刻科官員或地方陰陽官員為主。

官方陰陽學制度也影響鄰國如朝鮮、日本、越南等地，一直到了民國時期，鄰國仍然沿用着我國的多種術數。而我國的漢族術數，在古代甚至影響遍及西夏、突厥、吐蕃、阿拉伯、印度、東南亞諸國。

術數研究

術數在我國古代社會雖然影響深遠，「是傳統中國理念中的一門科學，從傳統的陰陽、五行、九宮、八卦、河圖、洛書等觀念作大自然的研究。……傳統中國的天文學、數學、煉丹術等，要到上世紀中葉始受世界學者肯定。可是，術數還未受到應得的注意。術數在傳統中國科技史、思想史，文化史、社會史，甚至軍事史都有一定的影響。……更進一步了解術數，我們將更能了解中國歷史的全貌。」（何丙郁《術數、天文與醫學中國科技史的新視野》，香港城市大學中國文化中心。）

可是術數至今一直不受正統學界所重視，加上術家藏秘自珍，又揚言天機不可洩漏，「（術數）乃吾國科學與哲學融貫而成一種學說，數千年來傳衍嬗變，或隱或現，全賴一二有心人為之繼續維繫，賴以不絕，其中確有學術上研究之價值，非徒癡人說夢，荒誕不經之謂也。其所以至今不能在科學中成立一種地位者，實有數困。蓋古代士大夫階級目醫卜星相為九流之學，多恥道之；而發明諸大師又故為惝恍迷離之辭，以待後人探索；間有一二賢者有所發明，亦秘莫如深，既恐洩天地之秘，復恐譏為旁門左道，始終不肯公開研究，成立一有系統說明之書籍，貽之後世。故居今日而欲研究此種學術，實一極困難之事。」（民國徐樂吾《子平真詮評註》，方重審序）

現存的術數古籍，除極少數是唐、宋、元的版本外，絕大多數是明、清兩代的版本。其內容也主要是明、清兩代流行的術數，唐宋以前的術數及其書籍，大部份均已失傳，只能從史料記載、出土文獻、敦煌遺書中稍窺一鱗半爪。

術數版本

坊間術數古籍版本，大多是晚清書坊之翻刻本及民國書賈之重排本，其中豕亥魚魯，或而任意增刪，往往文意全非，以至不能卒讀。現今不論是術數愛好者，還是民俗、史學、社會、文化、版本等學術研究者，要想得一常見術數書籍的善本、原版，已經非常困難，更遑論稿本、鈔本、孤本。在文獻不足及缺乏善本的情況下，要想對術數的源流、理法、及其影響，作全面深入的研究，幾不可能。

有見及此，本叢刊編校小組經多年努力及多方協助，在中國、韓國、日本等地區搜羅了一九四九年以前漢文為主的術數類善本、珍本、鈔本、孤本、稿本、批校本等數百種，精選出其中最佳版本，分別輯入兩個系列：

一、心一堂術數古籍珍本叢刊

二、心一堂術數古籍整理叢刊

前者以最新數碼技術清理、修復珍本原本的版面，更正明顯的錯訛，部份善本更以原色精印，務求更勝原本，以饗讀者。後者延請、稿約有關專家、學者，以善本、珍本等作底本，參以其他版本，進行審定、校勘、注釋，務求打造一最善版本，供現代人閱讀、理解、研究等之用。不過，限於編校小組的水平，版本選擇及考證、文字修正、提要內容等方面，恐有疏漏及舛誤之處，懇請方家不吝指正。

心一堂術數古籍 珍本 整理 叢刊編校小組

二零一三年九月修訂

曾序

癸丑之役，亡命走阿爾泰，曾從老友劉履安兄研說子平，其法首重月支，次及格局，入關以後；往來南北，間以其法爲人推論得失，有驗有不驗，遍閱諸書，迄少要領，頗疑其術不可盡信！而以其驗者之皆倖中，遂棄之不復措意。癸酉同事謝羲晨兄，遇難函原，又試以紫微斗數推其造，有『廉貞四煞遭刑戮』一語，其死事之慘，若前定者！不禁震其神奇而致力之，自後雖於人之性情、相貌、家庭能稍稍分晰，然於富貴貧賤之等，尚不能詳，蓋緣資薄，末由深造；顧其術源于五星，因而推及天官果老之術，必有爲一般言命所不及者，遂盡棄子平之說而學焉！蓋古者推步皆詳於天星、干支甲子，以紀時日，而不以卜人之休咎也。不意問難無師，且其玄吊之法，亦異於渾天寶照，於是又徘徊歧路而不前矣。甲戌秋以錢詩嵐兄之介，與段羲經君同役邵武，相處既久，始知不徒精於技擊，且精子平，其說命也，視八字之五行強弱衰旺，而衡其輕重，再輔之以大運、歲運，其論六親也，頗多修正前人之說，而胥能握其綱要，故其推論休咎，及家庭身世，歷歷如數家珍，較之斗數，蓋無多讓，乃知子平之確有可憑，其不可憑者，皆研究不得其道，吾因之愈歎段君之能獨有所得爲不可及，而惜老友劉履安兄之不及聞此說也！因速筆而出之，以饗來者！書成，爰舉所歷，以爲之弁，段君其尚能以餘暇致力於天星之術，以詔我乎？江湖多異人，望之望之！抑有言者：昔日言命之理不明，而術士之說，遂多狂瞽，於是迷信者流，夫惡其妻，翁姑惡其媳，父母惡其子女，兄弟之間又交相爲惡。尚有妄冀非分，動釀大亂，身陷刑戮者，要皆惑于術士不明眞理之言，而不能自安義命之所致也。此書提綱挈領，金針盡度，將見術者知所軌範，讀者亦知一飲一啄，莫非前定，世之人其庶幾咸能盡其在我以俟之，則其爲益，又豈僅于學術昌明已哉？

乙亥穀雨後三日滇中曾唯一序于邵武之專署

石序

從來會看書的人，首先看序，因爲序是書的發端；序做得好！便引起看書的興趣！增長著書的價値，否則開卷便索然無味。因爲序的重要，簡直就是書的重要，庸人似我！固然談不到做序，那裏談得上好不好呢？但是，偶然想到阿斯麗漫遊記，就覺得自己是『不通的通，通的不通』，興高彩烈地居然獻醜了。

我——一向是不信神，不信天，不信命的人。但是最相信人事因果，所謂『禍福無不自己求之者也』。年來僕僕風塵；盡日在黑暗中討生活，怨什麼天，尤什麼人，大約都是命裏所定！去年九月，跑來邵武，服務專署，迭接家父手諭，堅決底要我回家，信裏面說了許多不忍說的話，真教我日夜不安。正在煩悶當中，同事鍾厚宇兄替我想出分憂的法子，說道：「同事段方兄，深究命理，言必有中，並且屢試屢驗；何妨將老伯尊庚請他一查，吉凶便見」。我猶疑而未決。厚宇兄續說道：「段同事的命學，別具見解！能詳古書所未詳，能道前人所未道，推命察理，可算神乎其技」。於是，我就照厚宇兄指示底解法做去。

過了幾天，段同事對我說道：「老兄父子慈順！有何不祥」。並且把家父的性情容顏和過去的經歷……現在的處境……繪聲繪色地說出來！對於未來一切的一切，也解釋得清清楚楚。

我以前煩悶底愁衷；忽然冰釋，心神就爽快起來！後來接到家書，較比從前，果然不同，真教我非常欽佩！也教我非常感激！

最近段同事將素日研究所得編述成書，命名曰：段氏白話命理綱要，稿成眎我，細閱一過，處處精詳，語語高超，而且用科學底方法來談命理，比古人囫圇吞棗的論理，強得多了！眞個是命學中特樹一幟，同時深信厚宇兄當日告訴我的話，的確不錯。

我感激厚宇兄的分憂誠意！我欽佩段同事的學問優長！當段同事書成時，我雖然不學無文，不能做序，不能引起看書的興趣，增長著書的價值；但我所感激佩服的！不能不將我不通而通，通而不通的文字；將牠大書特書地寫將出來，以供看書的人在未看書以前，粲然一笑！另一方面，也想喚醒一般聰明自誤和妄冀非爲的人，知道榮枯壽夭，都是命裏安排，不可不求，不可強求，知命樂天，或亦覺世牖民之一助啊！

楚澨飄泊者石決之敘於福建邵武專署

二四、三、二一。

自序

凡是要研究某種學術，必先要有一種容易了解的參考書，纔能夠減少腦裏捉摸的苦楚，并且還容易從此登峯造極！

命理之術在中國已是有千餘年的歷史了；說到精通的人却是很少！卽如現代研究的人何嘗不多？但是因爲得不着準確的方法，不是東捉便是西摸，所以言人人殊多無應驗，遂使一般人以爲命理是騙人之談，其實又何嘗是命理騙人？還是因爲前人所遺的書，不能使後人澈底明白的原故。

孔子有句話告訴我們說：『雖小道必有可觀者焉』。我們根據這個話，纔曉得不論是那一種學術，能夠保持許多年代不受自然的淘汰，其中必有相當的價值！何況與人情、物理……相吻合的命理呢？

前人所遺的命書是很不少，但是要尋一部條理清楚，一看便能澈底明白的，實不多見，據我們常見的幾部書，它的文義和解釋，統統都是總而言之！統而言之！且有許多解釋錯誤，文藝深奧！不僅識字不多的不能了解，就是請一位文學界的老手，也是一樣捉摸不着；試看現在一般行道的通人，所批的命書，便知這話不是亂說了。

最近新出版的命書比較雖好，其中仍有換湯不換藥的性質，所以不怪命學不能發展啊！

現在是新學盛興的時代，一切舊學已成強弩之末，何況是人人視爲迷信的命理，如再遲遲不加整理，恐怕不久的將來，便有湮滅的可能，到那時再想提倡已來不及了。著者有鑑于此，遂不揣譾陋，把自己歷年所有的考查和經驗，用淺近的白話，完全寫出來，稿成之後，又請曾唯一先生替我修改，其中還有許多地方承他熱心指示，這是値得在此附帶申謝的！

我是個才淺乏學的人，這部書的編成，無非是要想昌明這個久晦的學說，并且還要使人一看便明白，所以就大胆的寫了許多，其中難免不有畫蛇添足的地方，還希望海內同志，多多加以指正，不勝榮幸！

故都段方序于閩北邵武專員公署

二四、二、四。

凡例

一、命理中的六神及五行，處處皆有連帶的關係，所以本書每論一神，必要參加他神，否則執一不通！

二、本書爲力求明白起見，不免一論中，話多重複，閱者諒之！

三、看者不可衹看一論，必要前後參看，方可貫而通之。

四、本書所論皆選準確需要及平常的應用，餘皆不贅。

五、本書爲有志命學者，易于入門起見，故將看命之要領澈底寫出，如能再加揣摹，則爲人推命瞭如指掌。

三

目次

段氏白話命理綱要

上編

天干陰陽

甲、丙、戊、庚、壬，屬陽。乙、丁、己、辛、癸、屬陰。

地支陰陽

寅、申、辰、戌、屬陽。丑、未、卯、酉、屬陰。子、午、屬陰。巳、亥、屬陽。

天干五行

甲、乙、屬木。丙、丁、屬火。戊、己、屬土。庚、辛、屬金。
壬、癸、屬水。

地支五行

寅、卯、屬木。巳、午、屬火。申、酉、屬金。亥、子、屬水。
辰、戌、丑、未、屬土。

五行相生

金生水。水生木。木生火。火生土。土生金。

五行相尅

金尅木。木尅土。土尅水。水尅火。火尅金。

六神相生

財生官、煞。官、煞生印。印生日主及同類。同類生食、傷。食、傷生財。

六神相尅

財尅印。印尅食、傷。食、傷尅官、煞。官、煞、尅日主及同類。同類尅財。

天干化合

甲與己合化土。乙與庚合化金丙與辛合化水。丁與壬合化木。戊與癸合化火。

地支六合

子與丑合。寅與亥合。卯與戌合。辰與酉合。巳與申合。午與未合。

地支六冲

子午相冲。丑未相冲。寅申相冲。卯酉相冲。辰戌相冲。巳亥相沖。

地支三合會局

寅、午、戌、會成火局。巳、酉、丑、會成金局。申、子、辰、會成水局。亥、卯、未、會成木局。

地支藏諸干

子藏癸。丑藏癸、己、辛。寅藏甲、丙、戊。卯藏乙。辰藏乙、戊、癸。巳藏丙、戊、庚。午藏丁、己。未藏丁、己、乙。申藏庚、壬、戊。酉藏辛。戌藏辛、丁、戊。亥藏壬、甲。

天干五行生、官、庫、絕

(長生)火生在寅。金生在巳。水生在申。木生在亥。
(臨官)火官在巳。金官在申。水官在亥。木官在寅。
(墓庫)火庫在戌。金庫在丑。水庫在辰。木庫在未。
(絶地)火絶在亥。金絶在寅。水絶在巳。木絶在申。

說明：依古陰陽同生，同死，舊有沐浴、冠帶、帝旺……等名目，甚不合理，故不取用。土旺四季不分生死。

天干祿神表

幹	甲	乙	丙	丁	戊	己	庚	辛	壬	癸
祿	寅	卯	巳	午	巳	午	申	酉	亥	子

天干陽刃表

幹	刃
甲	卯
乙	寅
丙	午
丁	巳
戊	午
己	巳
庚	酉
辛	申
壬	子
癸	亥

天干貴人表

天干	貴人
甲戊庚	丑 未
乙己	子 申
丙丁	亥 酉
壬癸	巳 卯
辛	午 寅

天干月德表

月支	月德
寅	丙
午	
戌	
卯	甲
未	
亥	
辰	壬
申	
子	
巳	庚
酉	
丑	

干支天德表

月支	天德
寅	丁
卯	申
辰	壬
巳	辛
午	亥
未	甲
申	癸
酉	寅
戌	丙
亥	乙
子	己
丑	庚

地支將星表

年支	寅	午	戌	申	子	辰	巳	酉	丑	亥	卯	未
將星	午			子			酉			卯		

說明：凡命有將星，主入官界。若好命，主掌權。坐官星尤佳！坐煞或刃，主掌生殺之權；坐財星，主掌財政。

地支華蓋表

年支	寅	午	戌	亥	卯	未	申	子	辰	巳	酉	丑
華蓋	戌			未			辰			丑		

地支驛馬表

年支	驛馬
寅	申
午	
戌	
申	寅
子	
辰	
巳	亥
酉	
丑	
亥	巳
卯	
未	

說明：凡命有驛馬，主遠行。逢冲，主客死。

地支桃花表

年支	桃花
寅	卯
午	
戌	
巳	午
酉	
丑	
申	酉
子	
辰	
亥	子
卯	
未	

附記：本表反列，即是倒插桃花。

地支血刃表

月支	血刃
寅	丑
卯	未
辰	寅
巳	申
午	卯
未	酉
申	辰
酉	戌
戌	巳
亥	亥
子	午
丑	子

地支血支表

年支	血支
子	戌
丑	酉
寅	申
卯	未
辰	午
巳	巳
午	辰
未	卯
申	寅
酉	丑
戌	子
亥	亥

地支孤神表

年支	孤神
子	亥
丑	亥
寅	巳
卯	巳
辰	巳
巳	申
午	申
未	申
申	亥
酉	亥
戌	亥
亥	寅

地支寡宿表

年支	寡宿
子	戌
丑	戌
寅	丑
卯	丑
辰	丑
巳	辰
午	辰
未	辰
申	未
酉	未
戌	未
亥	戌

地支喪門表

年支	子	丑	寅	卯	辰	巳	午	未	申	酉	戌	亥
喪門	寅	卯	辰	巳	午	未	申	酉	戌	亥	子	丑

地支弔客表

年支	子	丑	寅	卯	辰	巳	午	未	申	酉	戌	亥
弔客	戌	亥	子	丑	寅	卯	辰	巳	午	未	申	酉

節氣月建表

立春——驚蟄　爲寅(正)月。驚蟄——清明　爲卯(二)月。
清明——立夏　爲辰(三)月。立夏——芒種　爲巳(四)月。
芒種——小暑　爲午(五)月。小暑——立秋　爲未(六)月。
立秋——白露　爲申(七)月。白露——寒露　爲酉(八)月。
寒露——立冬　爲戌(九)月。立冬——大雪　爲亥(十)月。
大雪——小寒　爲子(十一)月。小寒——立春　爲丑(十二)月。

說明：凡月建地支，須憑交節作標準。譬如立春至驚蟄內生者，即是寅月。若驚蟄至清明內生者，即是卯月，餘者類推。

隔角煞

推法以日時上起，凡日支與時支隔一字者即是。（如子日寅時，丑日卯時，寅日辰時，卯日巳時，辰日午時，……）主牢獄之災。

地支空亡表

甲子——癸酉，戌、亥、空亡。
甲寅——癸亥，子、丑、空亡。
甲辰——癸丑，寅、卯、空亡。
甲午——癸卯，辰、巳、空亡。

甲申——癸巳，午、未、空亡。

甲戌——癸未，申、酉、空亡。

說明：凡日主干支在甲子至癸酉內的，空亡即是戌、亥。餘者做此

四柱例

甲子（年柱）

丙寅（月柱）

（日主）辛巳（日柱）

戊子（時柱）

年上起月表

年干／月干／月支	甲己	乙庚	丙辛	丁壬	戊癸
寅	丙	戊	庚	壬	甲
卯	丁	己	辛	癸	乙
辰	戊	庚	壬	甲	丙
巳	己	辛	癸	乙	丁
午	庚	壬	甲	丙	戊
未	辛	癸	乙	丁	己
申	壬	甲	丙	戊	庚
酉	癸	乙	丁	己	辛
戌	甲	丙	戊	庚	壬
亥	乙	丁	己	辛	癸
子	丙	戊	庚	壬	甲
丑	丁	己	辛	癸	乙

檢查日主干支法

查曆書(萬年曆)較生日近的節令干支，順數至生日得某干支，即是日主干支也。

又凡曆書每月所載干

支——初一日干支也
支——十一日干支也
支——二十一日干支也

注意：現在一般石印萬年曆，內容常有錯誤，須備異版曆書二份或三份，對照查看，方免有誤。

日上起時表

時支 \ 日干	甲己	乙庚	丙辛	丁壬	戊癸
子	甲	丙	戊	庚	壬
丑	乙	丁	己	辛	癸
寅	丙	戊	庚	壬	甲
卯	丁	己	辛	癸	乙
辰	戊	庚	壬	甲	丙
巳	己	辛	癸	乙	丁
午	庚	壬	甲	丙	戊
未	辛	癸	乙	丁	己
申	壬	甲	丙	戊	庚
酉	癸	乙	丁	己	辛
戌	甲	丙	戊	庚	壬
亥	乙	丁	己	辛	癸

起行運順逆法

凡行運從生月干支起，男命陽年干，女命陰年干，俱順行，查未來月建干支。如男命陰年干。女命陽年干，俱逆行，查已往月建干支。每一字管五年。舉例如下：

陽干甲子年丙寅月生

（男命順行）

丁卯　戊辰　己巳　庚午　辛未　壬申

（女命逆行）

乙丑　甲子　癸亥　壬戌　辛酉　庚申

陰干乙丑年己卯月生

（女命順行）

庚辰　辛巳　壬午　癸未　甲申　乙酉

（男命逆行）

戊寅　丁丑　丙子　乙亥　甲戌　癸酉

起大運歲數法

凡順行運，從本人所生之日起；數至未來節令止，共計若干數目，以三日折一歲，（即用三除也）一時作十日，若餘二日，可假增一日，借足一歲。若餘一日；可假減一日。倘遇生日生時巧逢交節，（立春、驚蟄、清明、立夏……）不論男女及陰陽年干，一概作一歲行大運。

凡逆行運，從生日逆數已往節令止，至於數目除折亦同順行運。

天干六神表（一）

日主＼六神	比肩	敗財	食神	傷官	偏財	正財	偏官	正官	偏印	正印
甲	甲	乙	丙	丁	戊	己	庚	辛	壬	癸
丙	丙	丁	戊	己	庚	辛	壬	癸	甲	乙
戊	戊	己	庚	辛	壬	癸	甲	乙	丙	丁
庚	庚	辛	壬	癸	甲	乙	丙	丁	戊	己
壬	壬	癸	甲	乙	丙	丁	戊	己	庚	辛

天干六神表(二)

日主＼六神	比肩	傷官	食神	正財	偏財	正官	偏官	正印	偏印	刼財
乙	乙	丙	丁	戊	己	庚	辛	壬	癸	甲
丁	丁	戊	己	庚	辛	壬	癸	甲	乙	丙
己	己	庚	辛	壬	癸	甲	乙	丙	丁	戊
辛	辛	壬	癸	甲	乙	丙	丁	戊	己	庚
癸	癸	甲	乙	丙	丁	戊	己	庚	辛	壬

地支六神表(一)

日主＼六神	正官	偏官	偏印	正印	正財	偏財	傷官	食神	比肩	敗財
甲	酉	申	亥	子	丑未	辰戌	午	巳	寅	卯
丙	子	亥	寅	卯	酉	申	丑未	辰戌	巳	午
戊	卯	寅	巳	午	子	亥	酉	申	辰戌	丑未
庚	午	巳	辰戌	丑未	卯	寅	子	亥	申	酉
壬	丑未	辰戌	申	酉	午	巳	卯	寅	亥	子

地支六神表（二）

六神 ＼ 日主	乙	丁	己	辛	癸
正官	申	亥	寅	巳	辰 戌
偏官	酉	子	卯	午	丑 未
正印	亥	寅	巳	辰 戌	申
偏印	子	卯	午	丑 未	酉
正財	辰 戌	申	亥	寅	巳
偏財	丑 未	酉	子	卯	午
食神	午	丑 未	酉	子	卯
傷官	巳	辰 戌	申	亥	寅
比肩	卯	午	丑 未	酉	子
劫財	寅	巳	辰 戌	申	亥

起六神訣

凡尅日干者爲官、鬼：（七煞）

陽見陰：，陰見陽，爲正官。

陽見陽：，陰見陰，爲偏官。（亦爲七煞）

凡日尅者爲財帛：

陽見陰：，陰見陽，爲正財。

陽見陽：，陰見陰，爲偏財。

凡生日干者爲印綬：

陽見陰：，陰見陽，爲正印。

陽見陽：，陰見陰，爲偏印。（亦爲梟神）

凡日生者爲食、傷：

陽見陰；陰見陽，爲傷官。

陽見陽；陰見陰，爲食神。

凡同類者爲比、刼：

陽見陽，陰見陰，爲比肩。

陽見陰，陰見陽，爲刼敗。（亦爲敗財）

天干掌訣圖

從甲向乙爲順數

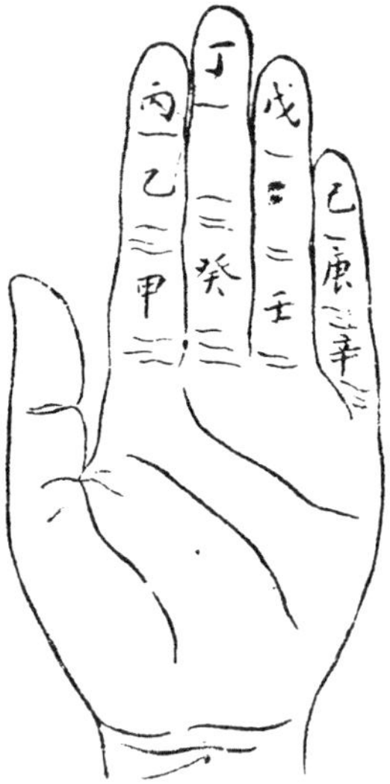

從甲向癸爲逆數

地支掌訣圖

從子向丑爲順數

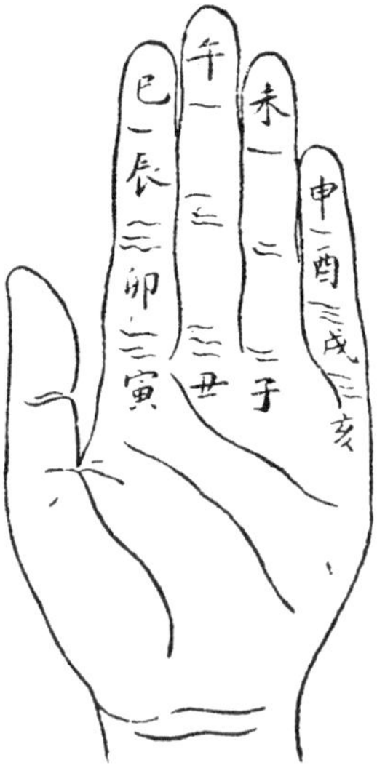

從子向亥爲逆數

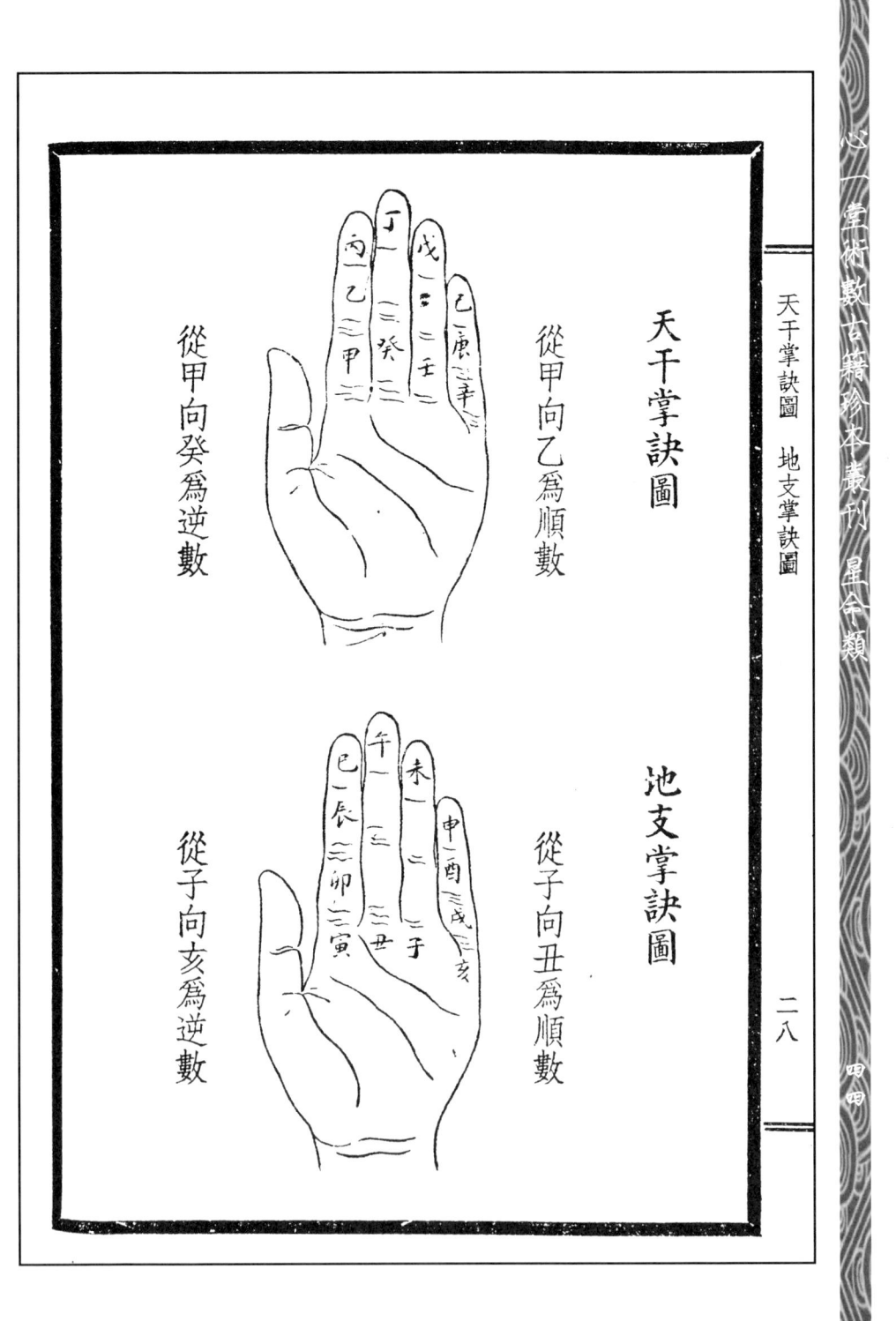

◉中 編

▲論日主（又名：身主、命主、日元）

「日」，是日干；「主」，是主要的意思。牠在命裏是佔極重要的位置；因爲日主是人的本身。一個人生在社會裏，所有人的一切，都要賴本人來創樹與改造！至於成功與否，全恃本人爲轉移。換句話說：本人是終身的基礎。因爲這個原故；所以推命首先要注定日主。

古人有主張日主旺的，也有不很注重的，其實日主總要與四柱及大運互相配合，調濟平均，不可太過，不可不及。日主弱的，財官……也要弱；日主旺的，財官……也要旺。譬如日主比財官……旺的，便要行損身與洩制的運，才能配合均勻；日主比財官……弱的，便要行助身和生身的運，才算調濟得當。不然，日主雖旺，得不到調濟；就如同人的身體雖強，壽元也長，但是所有的衣食和金錢，不夠維持生活，照樣吃苦！日主弱的，得不到幫助；彷彿像人衣食與金錢很多，而身體萎弱不堪，終於振不起精神去享受或支配！神峯說：『有病有藥』。就是這個道理。什麼叫作『日主旺』？

例如木日，生在穀雨小滿之間；木氣正足的時候，這謂之『旺』。什麼叫作『日主弱』？

例如火日，生在小雪大寒之間；火力正弱的時候，這謂之『弱』。又有『過旺』的：

例如木日，生在穀雨小滿之間；木質本強，四柱又有很多的水及木，生扶日主。這叫作『過旺』，又有『過弱』的：

例如火日，生在小雪大寒之間；火力本弱，四柱又多金、水，尅制太過。這叫作『過弱』。又有『不旺不弱』的：就是日主生在不旺不弱的時候，四柱的尅害也不重，這謂之『不旺不弱』。

照上面的見解：日主是不能不講，但是要曉得取用神的時候，就不能專重日主，也不能便拋開日主，因爲知道日主之後，才能分出神煞的喜忌，神煞的喜忌旣經明白，然後再來較量，這時就不能再拘執着日主講話了。

▲論正財和偏財

財之一物，人人所欲！這是不論什麼時代不能改易的。因此研究命理的人，祇知注重財帛，以爲命中有財的算是上命，沒有財的便爲下命，豈知財幷不是人人的命中皆喜，喜的，見之固然很好；不喜的，那財的害處，比任何都大！其原因：(一)是能夠滋煞害我；(二)是能夠破印弱身。但是無論偏財或正財，在命中同樣不喜太多或過旺，(食、傷生財)或是太少而衰。假如命中財太少而衰，(正指無官煞而言)則財不夠維持生活！像這類的人；輕者必是生活困窘！重者必是貧無立錐！倘若命中財星太多或過旺，本身自然棉薄不堪，那末：不但不能任財，而且反以財爲害。像這種的人；輕者必是因財而生災病，重者必是因財而亡身！所以有一句：『財多身弱，富屋貧人』的話，假如四柱財星太少又弱，必要命中先有來源（食神，傷官）爲妙，如其已有來源，則財自有滾滾不絕之象！設若命中財多且旺！則財已夠我用，這時不喜再有來源，有之則財過旺，身必弱了。

總之：看財先要查牠的強弱，如弱，必要食、傷生之，如強，不喜食、傷，見之大忌。既已知財之強弱，其次再同日主較量，看看日主弱呢？還是財星弱呢？然後再細查強弱到什麼程度，那便仔細的多了。又有『似旺實弱』和『似衰實旺』的：

例如木日，生在穀雨之後立夏之前，四柱有很多的財、食，初看好似財多身弱，要知木氣正是生生不息的時候，火土雖然很多，然而牠的生氣不足，却不如木之強盛。終以弱論。似此者謂之『似旺實弱』。

又如金日財星很少，生在秋分後與寒露前的時候，金氣正旺，稍微見點食、傷，便似火上澆油了。此之謂『似衰實旺』。類此的；不一而足。設若財是壞物，必要見比、刼……以制之才好！又有財帶官、煞，則不在此例。古人主張：財喜入庫，（墓庫）不宜落空，（空亡）但是財太旺，或是忌神，一概都喜；反之，皆是忌見，不是不能活動。有人說：偏財最好，因爲偏財是衆人的財，這話未免近于穿鑿，要知財不論偏正皆美，不過命中帶偏財的人，其財大多都由意想不到及儌倖而來罷了。

▲論正官

正官和七煞都是一樣尅制我的；初看彷佛沒有什麽分別，但是仔細考查，才知道牠兩個的性質不同。現下舉一個相似的例子，一說便易明白：正官性質譬如君子；七煞好似小人賊盜。假如我得君子管制，則必日進正軌。如得賊盜尅制，則必受其危害。由這點便看出正官的眞性，當然不能與七煞同日而語。上面說官是位好神，與我身是很有益；自然喜歡多多益善！但這話拉在這裏邊講，有點不妥，要曉得官多或是太旺，（財生官）本身也是一樣受其尅損，不過不能照七煞而論：因爲正官的本性是好神，雖然太旺或過多，尅損本身，却不失其眞性，比較七煞尅身輕得多了。

例如命中要正官作用神：不見其他害神混雜，（傷官，七煞，食神）這時先查官的多寡與強弱，設若正官又少又弱，自然官力很輕，必要命中見財生之，這官才有根源而不弱！

例如官生在很旺的時候，並且四柱很多，官力當然很重。這時切不可再見財星，倘然見之，就好似火上澆油，其勢炎炎不已！身主不但益弱，而且反受財的害了。

既然曉得官的衰旺，還要再與日主較量，看看衰旺究竟到什麼程度！照這樣看正官的手續才算完全。如果命中眞是用正官，第一最怕見傷，見之大忌，食神次之。（傷官尅，食神損，詳言傷、食論內，茲不再述）但是有時又喜見傷官，假如命中正官太多；財星很旺，本身益覺薄弱不堪，到這時又喜傷或食尅制，因爲一經尅制，官不來尅身，本身的負擔自然減輕了。又有『似旺不旺』和『衰而反旺』的：

例如四柱正官很多；並且正是旺的時候，但是沒有財星，好像無源的水，其勢有減無增。雖多也不算旺。此之謂『似旺不旺』。

又如四柱正官祇有一個，並且生在不旺的時候，祇要財星很多，則官雖輕，來源必重，而財又能破生身之印綬，那末：財多破印，官如泉湧，本身豈不是弱上加弱了嗎？此之謂『衰而反旺』。又有官見煞混，則不在此例。

千里馬說：『逢官看財，見財而富貴』。又說：『逢官看印，遇印以榮華』。這話是指身旺和身弱而說，不能一概而論。繼善篇說：『有官有印無破，必作廊廟之材』。這話的確不錯！因爲官破（傷官尅或官逢冲）則貴氣必減，印破（財破印或印逢冲）則生身全無。但命中祇見官印二物，沒有相當的財星，也是平常，不可便認爲上命！

總之，研究不可拘泥，運用最要靈活，方免膠執不通的病啊。

▲論七煞（有制謂偏官，無制謂七煞）

由日干數至第七位，便是尅我的：故名七煞。（如甲見庚，乙見辛，丙見壬……地支如甲見申，乙見酉，丙見亥……）至於牠的性情已在上篇正官裏附帶說過，玆不再述。凡看命祇見七煞，或官煞混雜，便要在煞上着眼，（如財煞皆有，先要就煞，不能就財，此點注意）首先要查煞的強弱和多寡！看法也同正官一樣。不過七煞尅身比較正官厲害，現下舉例說明：

例如四柱七煞很多，並且正是旺的時候，裏面又有財星生煞，一看便知煞勢太旺。好比賊匪很多，地勢佔得又好，內部一切槍彈等，後面都有充分的接濟，成了我的大敵！另一方面說：敵的勢力愈雄厚，我身就愈衰弱，無力抵抗，當然要受牠的危害。這就是七煞太旺的一個比例和解釋了。又有四柱七煞很少，並且正是不旺的時候，裏面又沒有財星生煞。好比匪徒很少，根據地又很不牢，關於槍彈等物，後面一點接濟都沒有，當然匪力很弱，無力往外發展。對於這類的命，古人主張用財生煞，這法很對！因爲匪力很弱，牠必心虛胆小。這時我用錢去收編，牠必接受樂從。這匪必是被我利用。這就是煞弱用煞的比喻。還有『似旺不旺』的：

例如四柱滿盤皆煞，并且正是旺的時候，但是一點財星沒有，同時又有制煞之神。（食神，傷官，卽是制煞之神）好比匪徒很多，雖是一點接濟都沒有，却有友軍去圍勦，則匪因爲受他方的尅制，自然沒有工夫來害我，而我可以趁此時去休養！倘若有印綬而沒有制神。好比我雖力弱，然而後面有充分的生扶，我身不愁無反弱爲強之日！煞雖來害我，但因我能夠抵擋之故；所以損傷不致很大。照上面的解釋，用制神同用印綬，彷彿一樣，豈知用印生身，而煞仍來害我，若得制神尅煞，本身可保安全；所以用制神，是最好沒有的。這個就是『似旺不旺』的解釋。喜忌篇說：『四柱純煞有制，（此指制神無破而言）定居一品之尊』。（必要行着美運，才能如此，不然，也是平凡而已）就是這個道理。

例如四柱一點七煞，可以不必用制，最好用財生之，如果已有財生煞，還要分別日主與七煞相差到甚麽程度？設若身煞已平而無制神的命；要行制運爲最美。（因爲行其他的運，不是身旺，即是煞旺，皆是不美）又有身煞兩平而有制神的命，必要制與煞；互相較量！如果制弱，必要行助制抑煞的運；如果煞弱，必要運行助煞抑制之地才美。假如日主和制神都弱，必要運行一面生身同一面助制的，纔爲十美。又有財旺生煞，或煞旺見財的命；如果身弱，首先要見制神尅煞，其次要見比、刼……以制財，印綬生身又次之。（因爲財能破印，印不能尅財）又有制煞太過的命：譬如四柱煞少又弱！同時又不見財星，幷且制神又多又旺！

這謂之制煞太過。像這類的命，設若行不着生煞或破制的運，其人必一世倍蓰酸苦！飽受折磨，窮乏終身而已。喜忌篇說：『制煞太過，乃是窮儒』！這話的確不錯！

總之：七煞衰弱，必要用財生煞。如遇日主弱的，制重煞輕；必要用印生身剋去制神才好！如果煞旺，不拘日主強弱，一概要先見制神剋煞；身弱尤爲緊要！但用食神最忌逢梟，逢梟，則食神被損，無力制煞。大概用傷官要配梟神，用食神要配正印，才不至相剋害。

至於看食、傷的細法，已載食、傷兩論內，務必參看才是！古人說：『年上有煞，不可用制』，這是指身旺煞弱而說；不能一概而論。我曾看見許多人，對於制煞兩全的命，都知注重煞那一方面；知道制煞平均的很少，喜忌篇說：『神煞相伴，輕重較量』。(神是制神，非是貴人)這才是論命的正理！

▲論食神

食神的功用有兩種：(一)是用牠生財，那財的來源自然不斷；(二)是用牠管煞；不論煞的多少和輕重；一旦遇到食神；自然就被牠化凶爲吉。但是日主弱的，遇有食神，有時喜牠，也有時怕牠。喜的原因已在上邊的二內說過，茲不復贅。忌牠祇有財旺身弱的命！(此指不見官煞而言)比如日主衰弱，四柱財星很多！並且正是旺的時候，這時命中千萬不可再見食神！因爲生財則財更旺，洩日則日益衰，這時最怕食神！傷官次之。

例如四柱印多日旺，財星很弱，這時有食生財最吉；尤喜食旺或食傷併見！雖然表面財輕，而財得後援，財就反旺了。

例如日主衰弱，四柱滿盤食、傷；其他皆無，幷且食、傷正是旺時。一看便知食、傷洩氣太過。這時最喜命中有印（偏印最好，正印次之。因梟重印輕）生身尅去食、傷才好！比、劫……幫身次之。（因比、劫……衹能幫身，不能尅食、傷）假如命中拿食神作用神，最怕見梟神，所謂『梟神奪食，格中大忌』！但是不能一概而論；要知食重梟輕，或食多梟少，見之卻無妨礙！

有人說：食神不怕正印，這話固然不錯！但是食神少而又弱，遇見正印多而又旺，雖則正印不破食神，然因印衆食寡，一樣被其損害！到這時的正印也幾乎等於梟神了。

總之·如果食神是重要，必要同印綬較量，細看有無損傷！如果食神是壞神，最好用梟神尅制，正印次之。假如用食制煞；(此指食神無破而言)必要同煞較量。弱者扶之！強者抑之才對。假如四柱純然食、傷，必要同日主分輕重。輕的喜扶；重的喜尅。若能扶輕同時又能抑重更妙！此在斷者的研究活動，不可拘泥，自然沒有不驗的了。

▲論傷官

傷官的功用與食神一樣，所差的地方，就是一個見正官沒有妨礙，一個最怕見正官。假如命中以正官作用神，最怕見傷官，不怕見食神，所謂『傷官見官，格中大忌』！因為傷官能破正官之故。但是不能一概而論。假如四柱財多官旺，正官的後援自然很重，雖然有點傷官，却沒有妨礙。所忌者：柱中正官不很過旺，再見很重的傷官，便眞是傷官破官，貴氣毫無了。

至於正官見食神，上面雖說沒有關係，但是有時又最忌。假如四柱食神既旺且多，正官輕而又少，雖則食神不害正官，到這時因官輕食重，食神也同傷官一例看了。

例如官在干而支見傷，或官在支而干見傷；雖然同一傷官，究竟中有所隔，力量甚輕！倘使官又很旺，則天地相隔之傷官，愈不能爲害了。

正官怕見傷官，與食神忌見偏印之理一樣。

如果日旺財少，(此指無官煞而言)命中喜見傷官，食神更妙！（因食神力重，傷官力輕）又有日主衰弱，不喜傷官泄氣，（此指財旺身弱而言）必要見印綬尅制才好！

古書說：『傷官見官，爲禍百端』！就是怕見正官的意思，並不是傷官見官的命，一生災禍纏身。又有什麼『火土傷官宜傷盡』，『金水傷官喜見官』……這是古人的偏見及文藝，我們後學的人，不要被他所迷誤。

▲論正印

正印是福神之一，用牠生扶本身，是最好沒有的！但是不喜過旺過多，更不喜過少而弱，要先查日主強弱，次查其他盛衰，是不是要正印作用神？假如日主衰弱，柱中見正印，就知道正印一定是用神，但正印雖是用神，可是仍不能完全決定，還要再看牠的多少和衰旺，究竟到什麽程度？這時纔能完全決斷。假如命中要正印作用神，四柱中切不可見正財或偏財，見之大忌！如果見有財星，又不可用貪財破印的眼光一概而論；必要較量財與印的輕重和多寡，平均起來，究竟財旺？還是印旺？才可以決定用財或用印的喜忌了。但是論到衰旺，有『衰而實旺』和『旺而實衰』的：

例如四柱純是官、煞，毫無其他混雜：而作用神之正印，祇有一點，表面看去，用神似乎太衰，要知這時正印，既無牠神絲毫尅損，而且又得官、煞生印，可謂『衰而實旺』了。

又如火日，生在寒露立冬之間。四柱祇有一二個財星，其餘都是正印，并且不見其他混雜，冷眼觀之：似乎印重財輕！不知戌月之金，仍是旺時，就是沒有這點戌土，財星也是很旺，何況金得土生？其力更強，木印雖多，當知木氣已是衰弱的時候，其生機既已不足，本性自然很是薄弱，這時正印雖然很多，却是等於寡弱了，此乃「旺而實衰」。類此者：不一而足。研究的人，要切實注意，分析清楚！

總之：用神是正印，最忌見財星！我們研究正印，如能照着這個原則，細細推求：雖不能得堂奧之妙，也決不會有毫釐之差了！

▲論偏印（見食神，即改梟神）

十二個地支裏，每個都有偏印，（如乙見子，辛見丑，丙見寅，……）在天干祇有一個。（如甲見壬，乙見癸，丙見甲，……）

偏印與正印都是生扶本身的，爲什麼不以偏印爲好神？而且反作壞神呢？現在先把牠的眞性寫出來：便自明瞭，偏印是個不知進退的神，并且牠的性情是『愛之欲其生，惡之欲其死』！現在再拿一個例來比方：譬如人不吃飯，必會餓死！這是人人公認的。可是飯吃太過，也等於不吃飯的一樣死。偏印好似吃飯這個理由。假如命中拿偏印作用神，必是加倍吉利！否則偏印是忌神，那末牠的壞處，比任何都厲害。這是甚麼緣故呢？就是因爲牠失去中和之道，所以偏印這物，不可認爲完全是忌神；也不可認爲完全是好神，要看命中喜忌而定，然後再查牠的強弱到什麼程度，究竟是喜神是忌神？自然可知了。

總之：偏印喜忌各一，喜的是生身；忌的是尅食。假如命中身弱，用偏印生身，（此指不以食神作用神，或不見食神而言）巧恰偏印現於地支更妙，（因爲是日主長生）在干次之。假如命中以食神作用神，最怕有偏印，到這時的偏印，是個大大的忌神！（干支一樣）假如命中偏印也不喜也不忌，那時不可再作忌神，祇可當作閒神。如有偏印要以傷官配之；有食神要以正印配之最妙。因爲陰見陽或陽見陰，方能免除和而不戰之害。有人說：「天干有偏印，地支沒有」。又有人拿偏印完全作忌神。這種都是一偏之論。研究的人，能認識清楚，自然不致胸無主宰了。

論比、刼、祿、刃。

（卽是比肩、刦財、敗財、祿神、陽刄）

比、刼、祿、刄，都是同類的五行，不過有好壞的分別，比肩、祿神是好神，刼財、敗財是壞神，陽刃尤重！這點意義大概稍通命學的人都曉得。什麽叫作比肩？就是四柱裏有與日主同性而又同陰陽的便是。（詳前表）倘遇同性而不同陰陽的，謂之刼財、敗財。（詳前表）如遇日主的臨官，卽是祿神。（又名祿堂）祿的前一支，卽是陽刃。（陰逆數是前，陽順數是前）陽刄祇有八個，『子、午、卯、酉、寅、申、巳、亥』。

比、刦、祿、刄的功用，祇能幫身，除幫身以外，還有能合煞的。但四種的壞處，是能爭奪財星，又能盜泄官、煞的力，所以遇到日主弱的，不拘比、刼、祿、刄，一概皆喜、比、祿尤好！刼、刄次之。反之：日主強的，一概不喜！刼、刄大忌！比、祿次之。

例如日主很旺，四柱裏以財爲用神，(此指無官煞而言)這時切忌比、刼、祿、刄，見之則財被分奪無餘。假如日主衰弱，最喜用牠幫身，財多身弱尤喜！因爲財一經受奪，本身的負擔自然減輕了。假如比、刼、祿、刄是忌神，必要用官或煞尅制，或行運遇之最妙。凡比、刼、祿、刄強，日主一定也強；比、刼、祿、刄弱，日主一定也弱。這是一定不能改的道理。

碧淵賦說：『男逢陽刄，身弱遇之爲奇』。這話是說身弱用牠幫身的意思，古人說：『陽刄喜多，多者必是大富大貴之人』。我曾遇見許多陽刄的命，事實竟不如此，足見看命不能專偏一端！必要互相參攷，才得分際。有人主張：「支有刄，干亦有之」。又有不分陰陽，一概都以前一位爲陽刄。又有謂：「陽有刄，陰無刄」之說。各執一詞，議論紛紛！其錯處，完全是後人不能將前人所遺的書，分析淸楚，所以才發生這種矛盾的爭執。

▲論官煞混雜

凡看命最忌四柱中官煞併見，如果是一齊發現？命中就混亂不淸，其人的福澤必因之而減低了程度。但是遇到這類的命，亦不能一概就認爲壞命，還要把牠細分出『眞混』、『假混』、和『似混不混』的區別！

例如甲日庚辛透於天干，或申酉現於地支，這謂之『眞混』。又有干現官支現煞，或支見官干見煞，便謂之『假混』。又有合煞或合官與冲官或冲煞，也謂之『假混』。又有食神制煞，或傷官制官，這叫作去煞留官，去官留煞，謂之『似混不混』。至於看牠衰旺的法子：也同看煞是二而一之理。

例如日主很旺，四柱官煞眞混，幷且官煞正是衰時，然而沒有財星，一看便知爲身旺官煞弱，最好以衰煞用財之法爲上，制神次之，若是再要求十全十美，就是命中除見財之外，還要兼見合煞或合官，才算完美全備！設若身旺而官煞假混，便用財生之卽可，制合兩法。可斟酌不用了。

例如日主與官煞平均的命，必要見制神才好！如其命中沒有制神，必要大運見之；如命中已有制神，便要用看煞的法子，較量煞與制的輕重，細分明白！以待大運助其平均才美。如遇日主弱的財旺官煞混，或財弱官煞旺的；這時不必細分『眞混』『假混』，一概以制神爲緊要！其次喜命中見同類以制財，才算完美。

總之：身旺官煞輕的，第一要見財星生之才好！制神次之。如遇日主與官煞已經平均，或身弱官煞旺的；最好去留乾淨！其次便要生身才好。

▲論十幹長生、死、墓、絕、空亡

凡遇命中有長生、死、墓、絶、空亡，看法必先查四柱中衰旺多寡，然後斟酌而定喜忌。如日主與六神遇到衰弱的時候，一概皆喜命中長生以生之。若日主或六神是很旺的時候，一概都喜死，墓、絶、空亡以洩之。反之；衰弱遇到死、墓、絶、空亡。而旺多的遇到長生，都是大忌！運見一樣。至於其他的沐浴、冠帶、衰、病，……因爲與十幹沒有很大關係，所以不很注重。又有人論命不管四柱的衰旺與多寡，祇要好神與日主，一概都喜長生：壞神一概都喜死、墓、絶、空亡。不知好神及日主，也不宜多或旺，壞神也不應少或衰，必須要求其平均，使牠不要偏強偏弱，才爲合法！

俗謂：『老怕長生，少怕衰，中年最忌死、絶、胎』。這話實不免偏見太過了！

▲論地枝六冲六合

六冲——就是子午冲，卯酉冲，……六合——就是子丑合，寅亥合，……要知六冲與六合的喜忌，必要看六神的喜忌而定。凡是命中的忌神，一概喜冲，壞神大都喜合。原因是忌神冲去就與命中無害，壞神逢合自有反凶化吉的好處！但冲與合也有輕重的分別，凡遇兩字緊貼的重，隔一字者輕。

例如年見亥而月見巳，或日見子而時見丑，便是冲合重的。又如月午而時見子，或日見巳而年見申，便是冲合輕的。又如子午冲；而時正在冬季，這是子輕午重，又有寅申冲；而時正在秋季，便是申輕寅重。又有『逢冲不冲』和『逢合不合』的：

例如年見子，月見丑，日上見午，便是『逢冲不冲』的。又如日見酉，時見卯，月以見辰，便是『逢合不合』的。大概命中冲多的人，多主骨肉刑傷。又主性情寡合或乖張！若合多的命，主與人有緣，性情隨合，設若冲合很多的命：，主人性情反覆，心意不定。

又有兩申見一寅與兩辰見一酉的，也是以接近的爲重，隔遠的爲輕，譬如兩申現在年月而寅獨透於日枝，以月日冲的重，年日冲的輕。又如兩辰見於日時而酉字獨佔月枝，自然是日月合的力重，月時合的力輕，其餘以此類推。

舊說：『兩子不冲午』，『兩寅不冲申』，……其實兩個見一個怎能斷定完全不冲，不過有輕重的分別罷了！

▲論化合會局

凡是四柱的財、官、印、煞……統統看過之後，便要再細看命中有無化合和會局。

例如天幹甲己合土，乙庚化金，丙辛化水，丁壬化木……這謂之化合。又有地枝申子辰會水，亥卯未會木……這謂之會局。還有爭合同半會局的：

例如天幹兩丁見一壬，或一申見二巳的，這謂之爭合。如地枝有子辰而無申，或祇見子申而缺辰的。又如有寅戌而無午，或有寅午而無戌的，這謂之半會局。既已明白各種化合和會局，然後會同財、官、煞、印……仔細參看牠所化同所會局，是四柱的喜神？還是四柱的忌神？

例如金的日主，四柱官煞很多，然而沒有制神，恰巧柱中丙辛化合，這時借一點暗化的水可以制混的官煞，或是地枝巧遇申辰的水局；也能照樣去制混的官煞。又有木的日主，四柱身旺財淺，恰巧天幹甲己化合，化出的暗土，便可以補助輕財，或是地枝裏寅戌會成火局的暗火，亦可以將輕的財生扶起來。還有身弱而煞會印的：

例如寅的煞，四柱中恰有戌土，寅戌會火，成爲印綬之類；這都是化出喜神的解釋。

又如火的日主，四柱煞重身弱，當然以化助身或會制神爲上，然而偏偏丙辛化水，助煞害身，或地枝會申子的旺水局，水勢氾濫，則身更弱了；這就是化出忌神的舉例！

又如命中木的用神，被化金所害，或火的用神，被會水所破，這也是很忌的！但是化出喜神，不喜遇見爭合，化出忌神，又喜見爭合，因爲一爭便不能化，可以奪去忌神之力，地枝忌局大怕全會！若是喜神，又喜會成全局！

總之：化合或會局，必須同財、官、印、食……較量，細分輕重！是喜是忌，自然不難明白了。

▲論格局

凡看命遇見四柱有官或煞，必先要就官、煞去參詳五行之衰、旺、生、尅來斷；不可一味拘泥格局。如其四柱沒有官、煞，這時才有尋格局論斷的必要。古人立格局的意義，是補助其他的不足，幷不十分關係重要。好比五行之理是本，格局是末。如今一般研究的人，不知此義，竟有不注重五行而專於拘泥格局的，且有斷人一生的運限，亦專取生格爲美運，尅格爲壞運。

例如六陰朝陰格，見金生子，就斷美運！若見土尅子，就說壞運。照這樣論法；簡直大謬特謬。

查格局之名目甚多，可取用的：如拱祿、拱貴、專祿、歸祿、六陰朝陽、幹或枝一字、兩幹不雜、地枝雙飛、六乙鼠貴……其餘如壬騎龍背、福德秀氣、三朋、暗冲、暗合、雜氣財官、曲直、稼穡、龍奔天河……皆屬妄談，神峰集中已經闢之，茲不再贅。

論格局也要四柱有財或食……及身旺，又要不冲破格局，不冲破財食。行運也是如此。或是四柱雖無財、食……而行一路財、官……等運，格局亦爲完美。如空有格局而柱中或運內，又得不到調濟，照樣庸常而已！

倒如拱祿、拱貴，四柱不見本日的祿神或貴人，恰日枝時枝當中夾祿或夾貴，命中又有財星，行運又能身財平均，其人必然富貴雙顯。如柱中已見明祿或貴人，謂之破格，則貴氣減低，或是祗富不貴，若時枝有祿或貴，則入他格。若柱中沒有財星，或行運又不能互相配合，其人的福澤必因之而低減程度。其餘的格局，也是一樣的看法。

古人說：『拱祿、拱貴、塡實則兇』。凶——就是破格的意思，幷不是凶亡之說，這點要認清楚！

▲論從格

舊書有棄命從煞與從財之說；大意是凡日主孤立一無生扶，而四柱滿盤是財或是煞的，仍要行『財』或『煞』的運方好。神峰闢謬中尤主張之。然以多年的考查所得，有可從與不可從的分別，幷不是一概的論法，大凡日主是似衰實旺的，皆可以從論，其他日主眞弱的命，多數仍要生扶才好！現將可從與不可從的。例舉如下：

例如水的日主，生在小寒與立春之間，水氣正是很足的時候；四柱完全是煞或財，表面看去好像煞重身弱，或身弱財旺，不知這時土是凍凝，火很衰微，雖多却抵不過日主的旺水，所以喜行財！煞運，忌見金、水運。

又如日主是火，生在小暑與立秋之間；四柱完全食，傷，初看似乎洩日太過，不知火生在六月，火力是正足的時候，雖然食、傷很多，却是洩不了日主的旺火；所以仍宜行食、傷，財……運，忌行扶身運。

又如日主是木，生在清明之後立夏之前；雖然四柱完全財星，却是抵不過旺木，所以行財、官……運才好、行助身運便壞。

又有水的日主，生在夏至與大暑之間；四柱完全是財或煞，行財或煞的運很好！行助身之運則壞！此卽神峰集中所說的『眞正從格』。但所見不多，據歷年的考查，凡是這類的命，應如此看法，然都屬庸常之人。

以上皆是可從的比喻；還有不可從的。舉例如下：

例如金的日主，生在小暑立秋之間；四柱完全是煞或財，這時萬不可以從論。因爲金是休囚無氣，最怕旺火尅制的原故。

例如木的日主，生在處暑白露之間；四柱完全是煞，木是衰而又孤，金是旺而且多，所以行運必要救身才好！若再行金土之運，大忌！

▲論幹枝陰陽

古人把幹枝各分陰陽，是爲便於取配六神，幷沒有把陰陽各分某種某類。譬如水；原無江與海的分別，而今人不查眞理，竟說陽木是森林的木，金尅，方成棟樑；陰木比作草木，非水不能生長；又比陽水是江湖的水，土尅才能東流；雨露比作陰水，最喜金生。照這樣的說法，那大陸上的五行又何止森林、草木、江湖……呢？

又有人說：『陽火是太陽的火』；『陰火是燈光的火』；『陽火喜日生，不怕水尅』；『陰火最宜夜生，最忌水尅』……都是穿鑿，不可取也！

▲論金

金在雨水前後，却不甚弱，因爲此時木火不強的原故。到了春分清明之間，木質漸旺，金力便弱了，在穀雨前後，其力雖弱，祇要沒有木火尅害，却不很弱，因爲金得土生的原故。

金在小滿前後，却是衰弱，若再見木，則火旺尅金，便更加衰弱了。到了芒種夏至之間，若不見木，却不甚弱，因爲弱火尅金不重的原故。在大暑前後金力雖弱，但是金得土生，又有弱處逢生之象。

金在立秋之後，却不甚強，不可以爲旺。到了白露秋分之間，正是金旺，其力方強。在霜降前後，則旺金又得土生，便更加強旺了。

金在立冬小雪之間，餘氣尚強，不可以爲弱。到了大雪以後，因爲水旺泄金，其力便弱了。在大寒前後若不見水，不可以爲弱，因爲有土生金的原故。

▲論木

木在立春驚蟄之間，剛剛生長，其質尚弱。到了春分以後，漸漸向榮，其力便強了。在清明立夏之間，枝葉茂盛，正是木最旺的時候了。

木在小滿芒種之間，却是未衰。到了小暑大暑之間，若不見火，雖受損亦不甚重，否則木被火焚，便是衰弱了。

木在立秋處暑之間，漸漸衰落，但初秋餘氣尚足，不可以為弱。到了白露秋分之間，若不見金，雖受損亦不很重，否則木被金尅，便是無力了。

木在小雪大雪之間，正是衰弱，若是水多，則弱處逢生，轉而為強。到了小寒大寒之間，如果見水，則強母生子，便是很旺。否則木無生扶，便是很弱了。

▲論水

水在雨水之前，餘力尚足，不可以為弱！到了春分以後，木質漸強，木盜水力，便是衰弱了。在清明穀雨之間，弱水又被土尅，便是無力了。

水在立夏小滿之間，若不見土木尅害，却是不弱，因為弱火泄水不重的原故。到了夏至大暑之間，陰氣漸生，水亦漸強了；若是火旺木燥，見水救濟，則水便有既濟之功了。

水在處暑前後，得金生扶，其力漸強了。到了白露秋分之間，母旺生子，便更強了。在霜降前後，若不見金，水無生扶，却是很弱，見金則旺母生子，反弱爲強了。

水在立冬小雪之間，剛剛向旺，其力尚弱，若不見金生，不可以爲旺！到了大雪小寒之間，正是水旺，其力甚強，若再見金生，則水必然泛濫了。

▲論火

火在驚蟄之前，其力尚弱，不可以爲旺！到了春分之後，強母生子，才有旺氣，清明穀雨之間，若不見木，火無生扶，却不甚旺，見木則旺母生子，便以旺論了。

火在小滿芒種之間，其力很強，見木則火得生扶，便更旺了，到了大暑前後。正是火旺，其力甚強，若再見木生，則火便炎炎不已了。

火在處暑之前，餘力尚足，不可以爲弱！到了白露秋分之間，其力退減，便是衰弱了。

火在立冬小雪之間，雖然衰弱，若不見金生，卻不甚弱，因爲弱水尅火不重的原故。到了大雪冬至之間，水力甚旺，衰火被尅，便是無力了。在大寒前後，正是土旺，若不見水，，卻不甚弱，見水則火輕水重，便是無力了。

▲論土

土是五行裏補助的一種，每當四季新舊交換的時候，各旺十八日。到了夏至小暑之間，火旺生土，便是極旺了。

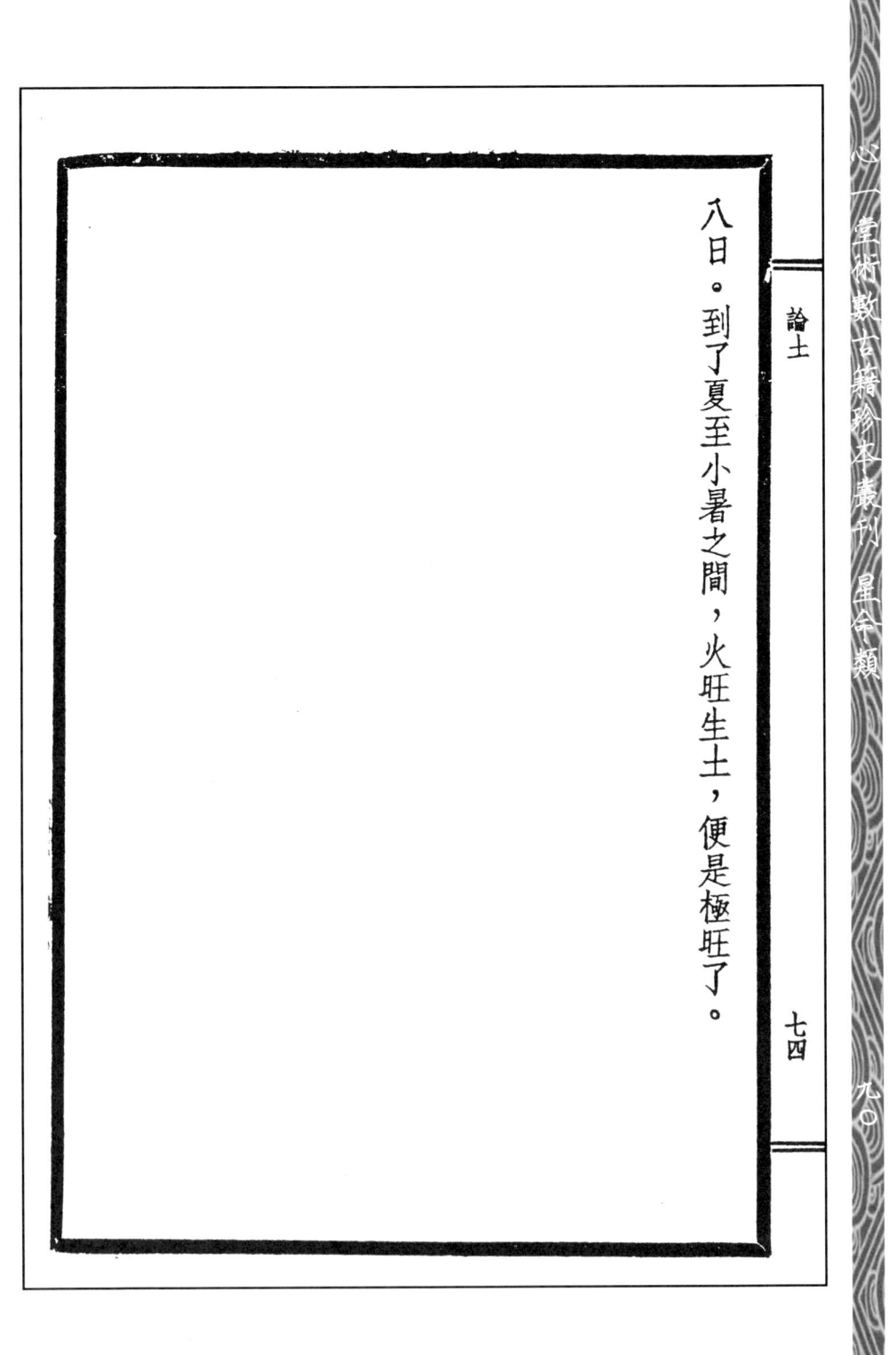

◉下　編

▲論六親總法

「六親」，是本人的父母、兄弟、夫婦、子息……舊時研究命理的人，沿用偏財爲父，官、煞爲子息，月上爲兄弟，實在毫無理由，闢之者很多！茲不再贅。又有用年爲祖上，月爲雙親，日支爲夫婦，時爲子息，同類爲手足，取斷頗驗，然亦不能盡憑。查易課的六親：以生我爲父母，我生爲子息；尅我爲官、鬼；我尅爲妻妾；比和爲兄弟、姊妹、朋友；按之人情、物理，尚爲不謬，那麽？命理中的六親，自應以印綬爲雙親，男用正偏財爲妻妾，女用官、煞爲丈夫，同類爲手足，食、傷爲子息，（男女同此）方爲切當，且此說又在滴天髓闡微及命理約言中皆主張之。然論說雖正，仍欠完全，因爲未曾講明看六親以六神同年、月、日、時及大運配合參酌，現在舉例以說明之：

例如好神坐在年上，主祖上興隆或是富貴；坐在月上，主雙親顯榮長壽，多得蔭庇及遺產；坐在月支，主夫婦賢德，伉儷偕老，得財，得力等；坐在時辰，主養成家之子，孝順得力，或子息富貴；反之：月上壞神，主雙親寒薄而無遺產，或刑傷，帶疾，不睦等。餘者類推。又如比、刼……坐月，主雙親有手足；坐日支，主夫婦有手足；坐時辰，主子息有手足。

年、月、日、時，看完之後；還要參看六神及大運。假如看子息，必要時辰同食、傷、老運合看。看夫婦，必要日支、財星、（此指男命）官、煞（此指女命）及中運合參，方爲完備。如果四柱財星或官、煞一點沒有，便專斷日支及大運即可。若看父母四柱沒有印綬，便在月上及幼運斷之。又有四柱六神太少的；比如滿盤皆煞、四柱純食，純財……都主人六親少靠，多見刑傷，自創自立。設若好壞神一齊發現，必要細分誰多誰少，誰喜誰忌？然後再加評判，自然瞭如指掌。倘若好壞兩停；便斷其好壞參半。又有幼年鴻運，主得雙親福蔭；中年鴻運，主夫婦得力、或手足得力；晚年鴻運，多主得子息之力；此看六親的大概法門，若再能互相活動參看，便不大差！

總之：命運中和完美，家庭必然安樂！若是偏枯缺損，骨肉不免刑傷，或帶疾，不睦。至於詳細看法，另在下面分言之。

▲論祖上

看祖上的興衰，是在生年干支上取斷。假如財、官、正印、貴人、祿神坐在年上，都主祖上富貴，或得祖上之福。又有年干得貴人、得祿、（如年干是甲，地支見丑、未……謂之得貴人。得祿，是地支見寅。餘皆類推）長生，都主祖上榮華福壽。若年上坐七煞、陽刃、刼財、敗財、梟神，都主祖上破敗寒薄，祖業虛花。又有年干得死、墓、絕，或逢冲、尅，都主祖業難守，或早年刑尅祖上雙親。

但是，看命對于祖上大多不很重視，因爲與本人的關係沒有雙親那樣緊要，所以命書中很少言論，研究的人亦少注意的。

▲論雙親

生月干支及正印，主父母興衰。除此還要參看幼運，才能應驗。分例如下：

一、月干或正印得長生（如甲、乙見亥，丙、丁見寅……謂之得長生）而無破損者，主雙親年邁矍鑠。

二、月上或正印坐月德或天德者，主雙親慈善，性情温和，或得雙親寵愛。

三、月支祿神，（又名建祿）或月干得貴人或祿神者，（如月干是甲，地支見丑、未……謂之得貴人。得祿，是地見寅。餘者類推）主雙親富豪，承繼遺產。

四、月支坐貴人者，（如日主是乙，月支申或子……謂之月支坐貴人）主雙親貌秀文雅。

五、月支或正印坐桃花同天喜或紅鸞者，主雙親貌秀而聰敏，兼嗜酒色。

六、月坐食神（此指無破而言）或祿神者，主父或母身體肥厚或高大，性情實誠，資財豐足。

七、月坐正官者，主雙親相貌敦厚，忠恕和靄，兼坐財星者，主雙親富貴。

八、月支財星得貴人或祿神者，主雙親富貴顯榮，承繼財產。

九、月支正官坐將星者，主雙親貴顯，心寬忠厚。

十、月支驛馬坐祿神或財星者，主雙親遠道奔馳，外方名利。正印坐驛馬者，主雙親遠行。

十一、月支或正印坐孤辰或寡宿者，主雙親孤獨，六親無靠。

十二、月支或正印坐華蓋者，主雙親聰明而性孤。

十三、月支七煞坐喪門或吊客者，主早年尅父母，或父母多疾災。

十四、月坐七煞或陽刃者，主雙親性暴不和，不得福蔭及財產；重則尅雙親，或是過繼。

十五、月坐偏印或傷官是用神者，主得雙親福蔭及財產，若忌偏印或傷官者；主難得雙親蔭庇，或尅雙親。

十六、月坐食神被梟神尅奪者，主父或母身體矮小或瘦，或多病；重則尅雙親；食重梟輕者，無妨。

十七、月支或正印逢冲者，主尅雙親，難得福蔭。

十八、財多印弱或財重印輕者，主雙親多病；重則刑尅。

十九、月上財弱，被比、刦……尅奪者，主尅雙親，不得遺產。

二十、日主弱，月坐陽刃者，主得雙親福蔭，然對父母稍刑尅。

二十一、月坐財或食，是忌神者，主不得雙親之福及財帛。

二十二、月坐正官被傷官尅破者，主父或母多病；重則刑尅。

二十三、日主弱，用正印(此指無破而言)生身者，主加倍得雙親福蔭及財帛，受雙親之寵愛。

二十四、月上干支坐壞神，而沒有印綬，再加幼運亦壞；主人幼失雙親，破祖離家，倍嘗酸苦。

二十五、月上干支坐好神，而有印綬，但是所行幼運不佳，主人降世以後，雙親鴻運已過，家業日漸凋零，上人雖美而本人卻未享受，多數是破產破家的命。

總之：壞神是用神反好！好神是忌神反壞！月上干支和印綬都是一樣。但是不可再被其他相沖或尅害：如果有之，不可一概認爲破損！還要細分輕重參攷幼運，方免執一不通的病啊！

偏印也是生扶本身的，在看雙親裏，也可斟酌取斷，不過正印是陰陽正理，如同夫婦之道。偏印偏重，居次罷了。

▲論兄弟（姊妹、朋友、同此）

看兄弟、姊妹、朋友的好壞，是專在同類上取斷。分例如下：

一、四柱裏有同類，主有手足；沒有同類，主沒有手足。

二、四柱裏同類旺或多者，主手足成行；反之，少或衰者，輕則手足多疾災，或是遠別。重則夭亡。

三、比肩坐祿（如甲日見寅，乙日見卯，丙日見巳……）者，主手足榮華富豪，或是得力，得財；比肩得祿神或貴人者，亦然。

四、同類坐陽刃（如甲日見卯，乙日見寅，丙日見午……）者，主手足不睦，或不得力；又主常犯小人！口舌；重者：主手足及朋友耗財、爭鬬、訴訟等；身弱者，主得手足及朋友幫助。

五、比祿坐將星者，主手足富貴，得財，得力。

六、同類坐二德（天德、月德）者，主手足忠實慈善。

七、同類得長生者，主手足強健年高。

八、同類得墓、絶者，主尅手足；強旺者，反吉。

九、同類坐驛馬者，主手足遠行，兼坐祿神者，主遠方顯榮；坐陽刃或逢冲者，主遠行不利，或客死他鄉。

十、同類坐喪門或弔客者，主尅手足。

十一、同類逢冲者，輕則手足不睦或多病，重則沒有或刑尅。

十二、同類坐桃花者，主手足風流。

十三、同類坐華蓋者，手足孤獨而聰明，或無手足。

十四、日主弱，四柱裏沒有印綬。祇用同類扶身者，主不得雙親之力，倚靠同胞之福。

十五、日主弱，四柱裏印綬和同類一概沒有，但有幼年行同類的運，主手足或朋友撫養成人。

十六、日主旺，同類少，恰巧中年或晚年又行同類的運，輕則手足爭鬬不和，或犯小人、口舌、破財等；重則手足分家、訴訟，或因友破財產等；若同類流年者，主見口舌、小人、破財等，日主弱者，主朋友幫助；大運遇之，主巧遇貴人，諸事皆得他人之助。

有人說：四柱刦、敗……多的，主手足敗家，不和；比、祿……多的，主手足興家，契合，這話雖對，但是也要分別喜忌活動決斷才是！

總之：看手足和朋友的好壞，須將同類的好壞和喜忌，仔細分清，然後決斷，自然沒有差錯了。

▲論妻妾

看妻妾是用日支及財星（正財是妻；偏財是妾）爲主。（如無財星，祇用日支卽可）其次還要參看大運。才爲完備。分例如下：

一、日支坐正官者，主妻妾相貌敦厚莊嚴，温柔賢淑，得力，得財。

二、日支坐食神（此指不見梟神而言）或祿神者，主妻妾身體肥大，心寬厚道，賢慧持家，得衣食及財帛。

三、日支坐財星者，主得妻妾財帛；兼坐天德者，主妻妾性善心慈，慷慨好施。

四、日支坐正印者，主妻妾賢淑，得力；身弱者，尤佳！

五、日支坐財星和將星，主娶富貴名門之女。

六、日主弱，比肩坐日支，主妻妾能幹，多得幫助。比祿者，尤佳！

七、日支坐傷官者，主妻妾貌美；身旺財淺或尅用神者，主得財產；忌傷官者，主妻妾破敗或不得力。

八、財星得祿者，（如甲財見寅，乙財見卯，丙財見巳……）主妻妾身體敦厚，性情賢淑，兼得財，得力。

九、財星得貴人或坐貴人者；（如丙，丁財見亥，酉、乙，己財見申，子……謂之得貴人，坐貴人是貴人同財星在一處）主妻或妾相貌秀美，性柔聰明。又主娶富貴之女。

十、財星得長生者：（如木財見亥，火財見寅，水財見申……）主妻或妾壽長偕老。

十一、日支或財星坐驛馬：主娶他鄉之女。又主妻妾客死他鄉。

十二、日支或財星坐華蓋者：主妻或妾聰敏而孤獨。

十三、日支或財星坐桃花者，主由戀愛而結婚。又主妻妾風流，能幹。兼坐天喜或紅鸞者：主夫婦皆貌秀。

十四、日主弱，偏印坐日支者，主妻妾賢淑，得力：身旺或忌偏印者：主不得妻妾之力。

十五、七煞坐日支者，主妻妾性暴，夫婦不睦，或剋妻。日支兼冲者，主娶後多病，或早剋，惡死：無冲有制者，可免：無冲有制及逢合者，反吉；七煞是用神者，亦吉。

十六、日主旺，陽刃坐日支者，主妻妾不賢，凶悍，好鬪，耗財，重則因妻破財——破產。又主多病及尅妻。財淺者，尤壞！主尅妻三四。

十七、比、刼……多而財星輕者，主刑尅妻妾。

十八、喪門或吊客坐日支或財星者，主刑尅妻妾。

十九、孤辰或寡宿坐日支或財星者，主妻妾六親無靠，孤獨。重則尅妻。

二十、日主旺，日支坐比肩者，主妻妾耗財，口舌。重則破產，尅妻；身旺財弱者，尤驗！

二十一、血刃坐日支或財星者，主妻或妾染膿血之疾。兼尅妻者

：主產病，肺癆，血崩等病死亡。

二十二、財星得刄者，（如甲財見卯，乙財見寅，丙財見午……謂之得刄）主妻或妾不賢，夫婦不睦。

二十三、正財強而偏財弱，或有正財而無偏財，主妻不容妾：，反之：偏財強而正財弱，或有偏財而無正財，主妾不容妻。

二十四、財星得墓或絕者，忌則尅妻，喜則反吉。

二十五、財多身弱：；（此指日支亦有財星而言）主不得妻妾之力：；又主妻妾多病，重則尅妻。

又有日支壞神反好，好神反壞的。舉例於後：

一、煞重身弱見財的命：，主妻妾尅自己，不得力，耗財，尅妻。

二、財多身弱者，日支坐陽刄：，主得妻妾之力及財帛。

三、日支正官，被四柱傷、食尅過，或日支正官逢冲者；主妻妾多疾病，重則尅妻或婚晚。

四、食神坐日支，被梟神尅奪者；主妻妾身體矮小或瘦；重則多病或尅妻。

又有命中不尅妻而運中尅的。舉例如下：

例如中運或老運與日支相冲；或地支財星遇冲；或命中財弱，行運遇見比、刦……或日支官弱，行運遇見傷官；或日支食神，行運遇見梟神……輕則妻妾疾災；重則尅妻。如交過此運娶妻可免。

又有命中妻妾不賢，而行壞運尅妻的；主仳離，私逃，破財，訴訟。

總之：壞神是用神反好，好神是忌神反壞，日支及財星都是一樣。研究的人，如能照着這個原則，仔細推求，靈活運用，然後決斷，自然瞭如指掌了。

▲論子女

看子女是用時辰干支及食神、傷官為主。（如無食神、傷官，祇用時辰干支卽可）其次還要參看大運，方為完備。分例如下：

一、時辰坐財星者：，主子女成家，孝順，富豪。

二、時辰坐正官者：，主子女相貌敦厚，性情和平，賢孝忠實。

三、時辰坐食神（此指不見梟神而言）或祿神者：，主子女身體肥大，誠實不浮。又主子女富貴。

四、時辰坐正印者，主子女孝順，成家。身弱者，尤佳！

五、食、傷是用神而無破損者，主子女成家，厚道賢孝，享子女之福。兼帶貴氣者，主子女富貴。

六、時支或食、傷坐華蓋者，主子女聰明而孤獨。又主有女無男。

七、時支或食、傷坐桃花者，主子女風流酒色。兼坐紅鸞或天喜：主子女貌秀。

八、時支或食、傷坐孤辰或寡宿者。主子女孤獨或少。

九、時支或食、傷得長生者，主子女壽高或多。

十、時上或食、傷坐天德或月德者，主子女孝順心慈。

十一、喪門或吊客坐食、傷或時支者，主刑尅子女。

十二、偏印坐時辰者，主子女性情不好；忌者：輕則尅子或少立；重則絕嗣；喜者：主子女孝順得力。

十三、刦財或敗財坐時辰者，主子息衆多而敗家。身強財淺者，尤驗！時坐比肩者，較好。

十四、日主衰弱，時坐比、刼、敗者，主得子女之福。

十五、七煞坐時辰者，主子女性情剛暴，不聽雙親教訓！兼尅子；若是用神，或有合及制神的，反好。

十六、陽刃坐時辰者，主子息身體高大，忤逆不孝；又主子息敗家或尅子；日弱者，主得力。

十七、食神或傷官得貴人者，主子女貌秀而聰明。又主子女富貴。

十八、食神或傷官得陽刃者，主子女不孝或不睦。

十九、食、傷或時支逢冲者，輕則尅子；重則絶嗣；大運遇冲，主尅子。

二十、食、傷或時支坐驛馬者，主子女生在遠方；又主子女遠行。

二十一、食、傷或時干得墓或絶者，主子女多疾而刑尅；若是太旺，喜得墓、絶者，反吉。

二十二、日主旺，有食，傷（此指無破而言）而無印綬者，主子女成行。

二十三、食神梟神兩現者，輕則尅子；重則絶嗣；又主子女身體矮小或瘦。

二十四、食神正印齊現者；本不尅子；如食輕印重，亦主尅子。

二十五、傷官偏印俱現者；本不尅子；如印重傷輕，亦主尅子。

二十六、食神（此指無破而言）衰弱，而行運遇到梟神者，輕則子女災病；重則尅子。

二十七，傷（此指無破而言）重印輕，而行運再遇印綬者；主尅子女。

二十八、日主衰弱，四柱食，傷很多，而行運得不到助日者；輕則子女災病或少；重則絕嗣；婦人主小產或難產。

二十九、老運好而子息差者，大都不得子孫之力，或自己奔馳。

三十、老運壞而子息賢者；主子孫孝順，但有心無力。

三十一、老運和子息都好者；主子孫賢孝，享子孫之福。

三十二、日主旺，時辰及食、傷都沒有損傷者；主子孫成行而早見。兼帶貴氣者；主子女富貴。

三十三、日主衰弱，而行運不得扶日者，男主無子；女主小產或絕嗣。若日主稍衰，主子女晚生或少立。

總之：看男女命的子息，都是一樣命運參看；不可遺漏！然後再仔細辨別誰喜誰忌？誰多誰寡？那麽！多寡與貧富，便可預決了。

▲論病厄

八字是人一生富貴壽夭的基礎，也可說是本人的命脈，裏面的結合：，全是五行湊成。好比人的全身是靠內部的五臟來支配生命，五臟健固的人，自然是一生體泰身安。若有一臟組織稍差，那一臟就容易生病！八字中的五行就與人的五臟相配，能知道五行的強弱，即可知道人的臟腑強弱或疾病，故八字中的金、木、水、火、土；也就是人身的心、肝、脾、肺、腎。現將五行分配五臟之例，分舉如下：

火屬心，又屬血脈。金屬肺，又屬腸。木屬肝，又屬筋骨與四肢。土屬胃，又屬消化。水屬腎，又屬腦與腿部。

既然明白五臟屬於五行，然後再由八字裏查人某臟容易生病，自然不難決斷！看法是注重日主，其次再查旁的五行。

例如金日，被火、木、水、尅泄太過，或四柱火旺金衰，主人易染肺病或腸病。如咳嗽，多痰，肺癆，痔漏，腸癆……等病。

例如火日，被水、金，土尅泄太過。或四柱火弱水旺。主染血病，膿血，或腎病，眼病……如腥紅熱，貧血症，遺精，腿病……婦女主染癸水不調——月經病。

例如木日，被金、火、土尅泄太過，或四柱金旺木衰，主染筋骨病，或四肢殘傷，或老年筋骨痛；又主染咳嗽，肺癆……等病。

例如土日，被木、金、水尅泄太過，或四柱木旺土衰，主染胃病……如消化不良，食量不健等症。

例如水日，被土、木、火尅泄太過，或四柱土旺水衰，主染腎病，腦病，腿病。如遺精，頭痛，眼病……小兒主染腦膜炎——頭風；婦女主染月信病，經來腹痛，月經少……等病。

凡地支帶血刃的，主染膿血之病，胖人主染腦冲血——中風；婦女主染月經病，血崩，產疾……等病。

凡日主旺，或日主雖衰而行運扶日者，主人身體強健，絕少疾病。或偶然染，也不過輕微的病。

凡日主弱，而行運不得扶日者，或日主與財、官、……已經平均，而行又見尅過者，主人多病，或帶疾；重則疾病纏身，甚致死亡。

總之：不論四柱裏那行旺（日主旺不在此例），那行弱，一概都主該臟生病，不過尅制的重，盜洩的輕。研究時能將輕、重、衰、旺，識得圓活，分得仔細，然後再斷人的疾病，自少差錯。

▲論相貌性情忠奸

人身的疾病，既能在八字裏決斷出來。那末，相貌、性情、忠奸，也不難得知大概。因爲明白了五行的性質，然後再照着這個規矩斷人，雖不能如見其人，大概十有六七不差了。現將五行的相貌、性情、忠奸。舉例如下：

金主相貌清白，聲音響亮，性剛重義。

木主身體高長，項長手長，性慈心善。

水主眉清目秀，毛髮衆多，性敏心浮。

火主面貌紅黃，心急性暴，知禮知義。

土主身體肥大，語重音濁，敦厚忠信。

以上是指日主大概而言；另有參合的看法，說明如下：

例如金日生人；日主旺而行運很好，或日主弱而行運扶身者，主人面色秀白，身體肥碩，聲音響亮，性剛重義，知廉恥，疏財帛，有勇敢，有決斷。若是財、官……皆破，或四柱偏枯而行運沒有援救者，主人面貌卑陋，凸凹不揚，性暴寡義，多貪多疑之人。

例如木日生人：命運都好，或日主弱而行助身之運者，主人身高體長，項長手長，性情仁慈，常存惻隱之心。若女命四柱沒有財煞兩見，主人賢淑慈善，性情溫柔，侍夫教子，堪稱女中模範！若四柱駁雜，或命運皆壞，主人體矮貌醜，性情執拗偏見。

例如水日生人：日主很旺，主人毛髮衆多，性情聰明，記憶特強，俊巧淫慾。若是沒有土制，或土被木破，主人性情狐疑，智謀多而決斷少，虛假滑頭；命運好者，主人皮膚細白；命運壞者，主人皮膚黃黑。

例如火日生人：主人鬚髮粗硬，性急而暴，心少忍耐，語速行快；命運好者，主人面貌紅黃，誠實有禮；命運壞者，輕則面多雀斑，或眼黃鬚黃；重則面貌烏黑，身體瘦醜。

例如土日生人：日主旺，或日主弱而行運助身者，主人身體肥大，鼻大口方，面貌赤黃，聲音重濁，性情敦厚，待人以誠，言行相顧，太過則固執不化；若日主衰弱，或四柱駁雜，主人身體矮瘦，面色黑黃，性情貪卑，虛假不實，花言巧語。

以上僅依五行而斷，尚欠完全，還有用六神取斷之法。分例如下：

一、正官無破損者，主人相貌敦厚，性情和平，克己誠實。

二、財生煞者，主人膽大性暴，肆無忌憚；火日尤甚！有制者減輕；兼合煞者可免。

三、煞多無財有制（此指無破而言）者，主人體態豐厚，性情温和，忠恕禮義。

四、偏財旺或多者，主人喜奉承，愛虛榮，好奢華；日主旺者，主人慷慨好施。

五、日弱見財，而行運不得扶日者，主人慳吝，重財輕義；又不積財。

六、食神、傷官很多，主人喜奉承，藐視他人，常存他人不如己之心。

七、正官輕而傷官重者，主人懦弱不任大事。

八、煞輕制重者，主人性情凶暴，膽大勇敢。

九、食神是用神，而無破損者，主人身體肥大，忠厚誠實；若有梟神尅制，主人身體矮小或瘦，或五官不正；又主幼時缺乳；食重梟輕者，無妨。

十、官煞眞混者，主人性情無準，好壞反復。

十一、華蓋多者，主人性情聰明而怪獨。

十二、日枝坐桃花、天喜、或紅鸞者，主人面貌清秀，聰明多能，風流酒色。金或水的日主尤驗。

以上僅按六神而斷；還有看大運取斷之法。分例如下：

一、幼年壞運者，主人兩耳枯薄或招風。若幼年好運，主兩耳厚圓，有郭有珠。

二、少年好運者，主人額部開闊或高起。若少年壞運，主額部狹小或髮低。

三、中年好運者，主人眉目清秀，或鼻厚顴平。若中年壞運，主眉少或粗，眼小而濁，或鼻塌、鼻小，或鼻顴不配。

四、老年好運者，主人鬍鬚黑潤，或頤寬豐肥。若老年壞運，主鬚粗密或疏少，或頦削。

五、一生好運者，主人面貌舒展，五官均配。

六、一生壞運者，主人面貌醜陋，面色黑枯。

七，一生之運，起跌很多者，主人面貌凸凹不平，或五官不勻。

總之：看人的相貌，性情、忠奸，必要五行、六神、大運參看，不可遺漏！然後再細分輕重和多寡，按少從多而斷，自然可知了。

▲論智愚

人的智愚是先天所賦，個個不等；在八字中亦能推算出來，其法很簡。分舉如下：

一、凡日支七煞，華蓋，桃花者，皆主人聰明能幹，聞一知十。

在月時者次之。

二、凡水的日主，皆主人記憶特強，腦筋清楚。

三、凡火日身弱，而行運得不到扶日的，都主人記憶不強，重則粗鹵、若四柱土多洩火，主人愚昧。

四，凡土日身強而無尅者，主人固執，腦筋太死。

▲論兇亡

凡人的結局是否善終！亦可由命中推算預卜。關於這法，在新舊的書裏，大都沒有論過，看法簡易，分舉如下：

一、凡四柱陽刃逢冲而無救者，（即刃無合）謂之『陽刃倒戈』。主人險惡，死于非命。

二、凡命中七煞逢冲而無救者，（即煞無合）主人性情暴虐，必然兇死。

三、凡驛馬坐刃或煞而逢冲者，主人路上兇亡，或惡死他鄉。

四、凡桃花坐刃或煞而逢冲者，主人因姦遭兇。

五、凡月支祿神加七煞而無制者，主人兇死。

六、凡命中財生煞而無制，或四柱駁雜太混者，都主遇險，重則遭兇。

七、凡煞太輕制太重者，主遭兇。

▲論桃花

桃花與好色，本來截然不同；普通將二者併爲一談，不知好色與否。不盡關於桃花，不過有桃花的，比較易於接近女色。故性慾旺的　謂之好色，若與異性多緣，一見傾心，方謂之桃花。

凡日主是水或命中多水及金的，大都其人必然好色。所以有一句：『多金多水，智慧多淫』的話。又有財多或食傷多的命，也主慾旺！

桃花也有輕重之別：凡在命者重，在運者輕。其在命者：以坐時辰爲重，坐日枝爲輕，月枝者又次之。若日主是水，再加桃花坐時枝，或桃花多的；男女得之，必然至淫。

俗說『桃花不可犯，否則必交壞運』，這話是爲勸人而說的，其實也不盡然。凡是命或運有桃花的，不是一概都壞，也不一概都吉，要看桃花所坐的六神及喜忌而定，大略如下：

一、桃花坐財星、正官、食神、祿神、正印！主戀愛吉利；若是用神者，尤吉，主得財帛及食物等；忌者，減分。

二，日主旺，桃花坐偏印，主戀愛多煩惱，忌偏印者，尤壞；用偏印者，反吉。

三、日主旺，桃花坐比肩，主爲異性多起爭奪，口舌，破財；忌比肩者，最驗；用比肩者，主幫助得力。

四、桃花坐七煞或陽刃，輕則戀愛多禍，訴訟，破財；重則因姦遇險，或致喪命！若是用神者、反吉。

五、財多身弱，而行運不得扶日者，主因女色傷身，耗財。

▲論胎元

人秉父母精血而生成，必要經過胎期才能誕生；所以胎期的長短於人不無關係！舊法從生月逆數至後十月爲胎元，其實人自受胎至誕生有七月生者，八月生者，九月生者，十一月，十二月……種種之不等。胎期既不一致，胎元卽不能一定，又何能據之以爲標準而論呢？

一般的說法：都以胎期長者爲上，短者爲下。不知胎期的長短，皆胎中生理發育不良的現象，不能說誰好誰壞，不過正常的胎期，不可過長，不可過短，總以十月爲足。如能命運俱好，自然是福壽康彊！否則，胎期縱長，而命運不好，亦不能爲福，胎期雖短，而命運或佳，亦不盡得禍也。

▲論命 附六神喜忌訣

看命的法子，是重用五行直接生尅制化，不用間接之法，如四柱裏缺少的那行（如冬季水旺，丑月生人，四柱無水，餘皆類推）及年、月、日、時的納音，切不可參看！須將日主的強弱深淺，首先分明？其次再查財、官……的衰旺如何？然後再用日主同財、官……較量輕重，細查它兩個衰旺的程度相差深淺？同時再查四柱裏有沒有用神（又名喜神）和忌神？才得要領，什麼是用神和忌神呢？包括起來說，可分二種：（一）是六神的用、忌；（二）是衰旺的用、忌。假如四柱裏有官無煞，官就是用神；再見傷官或冲官的，便是忌神。又如四柱煞旺，煞就是忌神，再見制神尅煞，制神便是用神，這都是六神用忌的比喻了。凡弱的喜扶，生扶的卽是用神；尅冲生扶的，便是忌神。凡旺的宜尅，尅制的卽是用神；尅冲尅制的便是忌神。假如四柱財弱，見食神生財，食神就是用神，再見梟神奪食，梟神便是忌神。又如四柱印多日旺，見財尅印，財就是用神，再見比、刼……奪財，比、刼……便是忌神，這都是衰旺用忌的比喻了。又有一個用神，有兩個好處，一個忌神，有兩個害處的分別。譬如日主弱，滿盤食、傷，而命中的印綬，便是兩個好處的用神，因爲印能生身兼能抑食、傷的原故。又如身弱煞旺，而命中的財星，便是兩個害處的忌神，因爲財能生煞，兼能泄身的原故。

命裏的用神和忌神，是沒有一定的，要看四柱的衰旺而定喜忌。有人謂：『用神專取於月令』。(月建)這話未免太拘泥了。

命裏有用神而無忌神，固然很好！但是遇到用忌兩神齊現的命，不可便認爲用神完全被破。還要互相較量，細分輕重！如果用神力重，忌神力輕，謂之輕損，爲害不大，所怕者：忌重用輕，或忌用平等，這才眞是破損無餘了。

日主和財、官……最好有一處稍弱或稍旺，然後再行扶弱或抑旺的運，才能使日主和財，官……相等。但是日主和財、官……不可太旺或太弱，因爲再行扶弱或抑旺的運，却不能使之平均；又不可日主和財、官……已經相等，因爲行運不是助身，便是生財、官……反爲辛苦勞碌或是減福之人。五言獨步說：『有病方爲貴』，就是這個道理。

又有財、煞、制三樣皆全的命，必要其中有一稍輕，然後行運補助所輕，使之平等，其人必然富貴。若是三樣已平，或是行運不能補足的，亦屬平庸，不可便認爲上命。

又有『似好實壞』和『似壞實好』的命。舉例如下：

例如命中祇靠一點金作用神，恰巧戊癸化火、或寅戌會火，其金被尅，則用神暗損，這謂之『似好實壞』。

例如命裏缺木的用神，恰巧丁壬化木，或亥未會木，則暗中有救，這謂之『似壞實好』。

如四柱配合很好，但是行運不佳，這謂之『似好實壞』。

如四柱配合很壞，但是行一路佳運，這謂之『似壞實好』。

總之：命中過旺或過弱，必須四柱裏先有生扶或尅制，然後再行扶弱或抑強的運，才能夠衰旺平等。若是命中稍弱或稍旺，最好扶弱或抑強在運中見之，才是十全十美的上命。

▲六神喜忌訣（一）

正官是用，最忌傷。（傷官）

食神是用，最忌梟。（偏印）

印綬是用，最忌財。（正偏財）

財星是用，最忌刦。（同類）

比，刦……是用，最忌煞。（七煞）

▲六神喜忌訣（二）

身旺印多，最喜財。（正偏財）

財多身弱，最喜刦。（同類）

身強比多，最喜煞。（七煞）
財多食旺，最喜梟。
官煞眞混，最喜食。（傷官亦可）

▲論大運

研究命不可祇知重視命而不重視運，因命與運的連帶關係，非常重要！如運好而命不好的，好比一輛破車在柏油馬路行馳；平坦無阻。命好而運壞的，好比一輛花車，盡走崎嶇的山路，故命是君，運是臣；命是花，運是葉，關係密切，不可偏重！

看大運與命是同一的法子，首先須將大運干支與日主取配六神，（如日主是甲，大運是庚，庚卽是七煞。見酉，酉就是正官。餘者類推）其次再查生扶和抑制是喜是忌？自然凶吉分明。凡扶命中的弱或抑命中的強；都是好運，反之，抑命中之弱或扶命中之強，都是壞運。又有冲與合也要分別喜忌：凡合壞神者喜，爭合好神者忌；冲忌神者喜，冲用神者忌，此外，更要與流年合參，才爲詳細。

又有大運與命中化合會局，也是一樣的斷法，但是必須分別輕重。玆舉例如下：

一、命有乙恰遇大運庚化金，或命有丑巧逢大運酉會金，便謂之重；若乙在運而庚在命，或命有酉而運逢巳，便謂之輕。

二、命有未而大運遇卯，流年逢亥，便謂重三合木局；若命有午而大運遇戌，流年逢寅，便謂輕三合火局。

又有『極好運』、『極壞運』、『壞運』、『好運』、『平常運』、『好壞參半運』，種種之分；除此還有『行好運而不很好』，『行壞運而不很壞的』，舉例說明如下：

一、凡行兩個好處之運，或大運很好，巧逢流年也是很好，（如命喜金、水，大運適行金、水，巧遇流年亦是金、水）便謂之『極好運』。

二、凡四柱重要用神，遇大運尅或冲。（如用印逢財，用食逢梟……）或大運很壞，巧遇流年亦壞。或遇兩個壞處的大運，（如財多身弱，行食、傷運，或煞重身弱，行財運……）皆謂之『極壞運』。（又名大敗運）

三、凡大運壞，而不傷用神的，（如身弱用印，行官、煞運）便謂之『壞運』。

四、凡行一個好處的運，巧遇流年平和，或流年是一個好處，恰逢大運平和，便謂之『好運』。

五、凡日主旺，財官(此指無破而言)輕，而行運祇見食、傷，不見財、官，便謂之『行運而不很好』的。

六、凡日主弱，財、煞、制三者都全，(此指制神無破而言)而行運祇見官、煞、食、傷，不見扶身的運，便謂之『行壞運而不很壞』的。

七、凡大運遇到命中也不喜也不忌，便謂之『平常運』。

八、凡大運很好，巧遇流年干喜支忌或干忌支喜，便謂之『好壞參半運』。

又有甲……或子……的大運，恰遇甲……或子……的流年，謂之『歲(太歲)運(大運)併臨』。喜者：其年必是加倍吉利，主添財產，進人口，吉慶併至。忌者：其年必然加倍不利。輕者：瑣碎，破財，而多災，重者：疾病死人，諸事不順。但不可執一而斷，還要細查流年干支及大運，方可決定！喜忌篇說：『歲運併臨，災殃立至』，這是指壞運說的。

又有甲子……日主，巧逢甲子……流年，謂之『年日相併』。喜者：雖在壞運裏，其年也是加倍興隆，主添人口，進財產。官界得之，主晉級加祿，財官雙美。忌者：雖在好運裏，其年也是加倍不利。輕者：主口舌，小人之擾。重者：主破財，災病死亡等事，極盡顛倒！但多數身弱喜之，身強忌之。但是必須與大運合參，才能決斷輕重！若流年干喜支忌，或干忌支喜，便斷好壞參半，但須以少從多，以輕從重為要！

▲論流年

流年干支，管一年裏的好壞，看法先將流年干支與日主配取六神，然後再依照五行之理而斷，但是必須與大運參酌，才為完備。

凡流年與大運相合，謂之君臣合悅，其年主利。否則大運與流年相冲，謂之君臣反目，其年不利。凡冲用神、陽刃、七煞、其壞較重，其他相冲較輕。但是仍要注重五行生尅之理，不可一味拘泥冲合。

又有大運與流年化合會局，也看衰旺而定喜忌。但是必須參酌流年天干或地支，權其輕重。如大運很好，流年很壞，雖壞仍要從好；流年很好，大運很壞，雖好仍要從壞。所以比喻大運是君，流年是臣，就是這個緣故。

▲論普通命

查古今命書，祗有看富貴及貧賤的方法；對於看普通命，便無人論及。要知社會上人類既屬複雜，階級自然不等，其中可稱富貴二字的，實不多見！貧窮雖佔多數；但所常見的，仍以普通命爲最多。大概一個人在中產階級之下；無產階級之上，而能衣食不缺，一生平庸的，均屬於此類。其命造多是命好運壞，或命壞運好的。例舉如下：

一、凡日主太旺，而行一路尅及洩日主的運者。

二、凡日主太旺，而行運得扶身者。

三、凡日主旺，官受傷，財被奪，而行一路尅及泄日主的運者。

四、凡財官(此指無破而言)稍旺，而行一路財、官、煞、傷、食的運者。

五、凡日主旺，財很輕，而行尅及泄日主的運者。

六、凡日煞平均，制神(此指無破而言)稍弱，而行扶身及尅日的運者。

七、凡財官(此指無破而言)弱，日主旺，而行一路傷、食、比，刼的運者。

八、凡四柱裏重要用神已破，而行用神運者。
九、凡四柱配合得宜，而行運不能補足者。
十、凡日主稍旺。財、食被冲奪，而行一路泄及尅日主之運。
十一、凡財官與日主平均，而官或財已破者。
十二、凡官煞眞混，日主稍旺，而行制神及尅日主的運者。
十三、凡日主稍弱，食、傷(此指無破而言)稍旺，而行運不見扶日者。
十四、凡日主稍強，食、傷(此指無破而言)稍弱；而行一路扶身之運者。

以上所舉：皆是看普通命的原則。至於細查境遇到何等階級？必要看命中衰旺輕重，大運補助如何？如有破損——破損輕重，所行大運是什麽？然後再來決斷，自然可知其命屬於何等階級。

▲論富貴命

貴命的看法，是在官、煞、格局上着眼，此外亦可參看祿神、貴人將星。至於看富命，是取財星、食神、傷官而斷。大凡四柱配合極好而又行好運者，都主非貴即富，若四柱配合欠美，或格局不純，雖得一路好運，亦不能平均者，皆主中等富貴，或富有餘而貴不足，分舉如下：

一、凡一位正官和幾位財星坐命，（此指財與官無破而言）而行運又能扶抑平均者，主大富大貴，若日稍弱，官稍旺，或日稍旺，官稍弱，（此指行運不能扶抑平均而言）主中等富貴。若正官稍損，而行運得其平均者，亦主中等富貴。

二、凡格局純一，（此指格局無破而言）而行運能得身財兩平者，主富貴雙顯。若格局稍損，主富多貴少，或祇富不貴。若格局無傷而財星稍損，主富貴減分。

三、凡一位七煞有制或有合，兼有幾位財星坐命，而行運扶抑平均者，主大富大貴。若二三七煞坐命，主中貴之人。

四、凡日主弱，四柱純煞有制，（此指制神無破而言）而行一路扶身之運者，主大富大貴。

五、凡柱中二三位正官及財星，（此指財與官無破而言）而行運能得身官兩停者，主中等富貴。

六、凡格局不純一，而行運能得身財平均者，主中等富貴。

七、凡一位財星及二三位食神或傷官坐命，（此指財、食、傷無破而言）并且衹見正印，不見比，刼……而行運能得身財兩停者，主大富。

八、凡四柱純財，而行運能得身財兩平者，主大富。

九、凡四柱純然食、傷，（此指無破而言）而行身食兩平之運者；主大富。

十、凡財星稍弱或稍旺，而行運不能扶弱或抑強者，主中富。

十一、凡財星稍弱，比、刼……稍旺，而行運得身財兩平者，主財源雖茂盛，亦難積蓄。

十二、凡官稍損，財無傷，而行運扶抑兩停者，主小貴小富。

十三、凡財官（此指無破而言）稍旺，日主稍弱，而行運不能扶身者，主小富小貴。

十四、凡四柱互祿，（即四干皆有祿神）或貴人、將星坐命、行運能得身財平均者，主大富小貴。

十五、凡四柱純粹完整，而行好運者，主富貴而清閒。若稍旺或稍弱，或稍有破損，或行運不能補足者，皆主減福或勞碌。

十六、凡好命，先行極壞運，後行極好運，主驟然大發，或先貧後富；反之；先行極好運，後行極壞運，主驟然破落，或先富後貧。

十七、凡官煞去留乾淨，而行運能得平均者，亦主富貴。

十八、凡四柱財生官，或格局完美的命，皆主文職。

十九、凡四柱財生煞，或將星坐刃的命，皆主武職。

▲論貧賤壽夭命

凡四柱配合不好，而又行壞運者，皆屬貧夭之命。分舉如下：

一、凡日主旺，官受損，財被奪，而行扶身之運者，主貧窮。

二、凡日主旺，財星輕，而行扶身之運者，主貧窮。

三、凡煞輕制重，而行制神之運者；主貧窮而多災禍。

四、凡日主稍弱，四柱駁雜，而行運不見生身者，主貧窮。

五、凡命中用神很弱，而行運又見尅損用神者，主貧窮。

六、日主旺，官煞眞混，而行運不見食、傷、財、官、煞者，主貧窮。

七、凡日主很旺，主體健壽高。

八、凡日主很弱。四柱駁雜，而行抑日之運者，主夭亡。

九、凡日主衰弱，四柱財煞很旺，（此指無制而言）而行運又見扶煞者，主夭亡。

十、凡日主很弱，四柱財，食很多。（此指無官煞而言）而行尅及洩日主之運者，主夭亡。

十一、凡行大敗運，而無救者，主非貧卽夭。

▲論女命及丈夫附女命富貴格

看女命的四柱、大運、流年，以及一切，完全與男命同。獨看丈夫是在官、煞，及日枝上着眼，至於日枝的看法：，也與論妻妾相同，務必參看。現將看丈夫之法。細列如下：

一、四柱有正官而無煞混：，主丈夫體貌敦厚，性情温和，賢德忠恕：，又主夫婦賢德，伉儷情篤。

二、正官得祿（如甲木正官，地支見寅：，乙木正官，地支見卯……）而無煞混，主丈夫身體肥大，温和忠實：，如命運俱好：，主夫婦富貴而情篤。

三、官或煞得貴人，或坐貴，主丈夫清秀俊雅：，如命運俱好，必配丈夫富貴。

四、官或煞得長生，主丈夫壽長年高：，本身日主有氣：，或兼坐長生而無尅損者，主夫婦偕老，同享大年。

五、官或煞得墓、死，忌則尅夫，或丈夫多災病。官煞太旺，喜得墓、死者，無妨。

五、官、煞，日枝，三者有一逢冲，輕則尅夫，重則早尅，多尅；大運遇冲同此。

七、日枝七煞，或旺煞而無官星，主丈夫性暴少賢；又主夫婦勃谿。如煞逢冲，主夫婦凶亡，或仳離，訴訟；若無冲有制及合煞者，反吉。

八、正官重而傷官輕；主減福澤，不主尅夫；若行運又見食、傷，仍主尅夫。

九、正官稍輕而傷官稍重，行一路扶官之運者；主不尅夫。

十、正官、食神俱現，主不尅夫；如官輕食重，或行運又見食、傷，仍主尅夫。

十一、食、傷，很重而無官煞；主不尅夫。

十二、七煞有傷官或食神尅制，主不尅夫。如煞輕制重；仍主尅夫。

十三、正官、七煞混雜，主丈夫性情不定，好壞反覆，兼減福澤；如命中尅夫，主丈夫有好有壞。

十四、七煞得陽刃，（如甲木七煞見卯，乙木七煞見寅，丙火七煞見午……），主丈夫性暴心惡。

十五、日主弱而官煞重，主出閣不利；自己不尅夫而反被尅；若配尅妻之命，必然夭壽。

十六、官煞有損而食傷無損，主旺子傷夫；又主得子息之力；反之：食傷有損而官煞無損，主旺夫傷子；又主不得子女之力。

十七、官或煞坐驛馬，主丈夫遠行；又主遠嫁。

十八、日主合正官，主夫婦投合，情愛必篤。

十九、比、劫……爭合正官或七煞，主夫娶小星而多外遇。

二十、貴人逢合，或官、煞爭合，主側室或妓婢之命。

二十一、官或煞坐桃花，主由戀愛而結婚；又主夫有外遇；又主夫婦風流。

總之，看女命的丈夫，和看男命的妻妾一樣，必要命運參看，細分輕重，然後再來決斷，自然沒有不驗。

▲女命富貴格

財旺生官。三奇（財、官、印，謂之三奇）合局。七煞有制。官星得祿。專祿財旺。歸祿見財。六乙鼠貴。拱祿，拱貴，互祿逢財。傷官生財。食神生財。建祿財旺。煞化印綬。

▲論合婚

舊法用三元合婚，視男幾宮，女幾宮，配成『生氣』、『福德』、『天醫』爲上婚。配成『遊魂』、『歸魂』、『絶體』爲中婚。配成

『五鬼』、『絕命』爲下婚。又有『骨破碎』、『鐵掃帚』、及『益財』、『退財』、『守鰥』、『守寡』、『冲胎胞』、『大敗』、『八敗』……等神煞，皆按年月取斷，考之事實固不盡合其理，亦屬不經。今一般江湖術士，仍沿用不改；并造種種妄說，誤人非淺，所以有『眞批八字，假合婚』之說。

前說之謬，古人雖有闢之者；但係以男女兩造八字強弱衰旺相配均勻爲主者，立論雖正而說理尙未十分明晣，鄙意男女兩造八字，剛柔要相紓配，行運亦須脗合，否則，兩造命運相背，必難偕老。譬如命中水旺是病，要以土日或土旺的命配之。若火衰是病，要以火日或火木多的命配之，仍按太過抑制不及喜生扶之理。而又以不損傷用神爲主！斯爲得之。大抵配偶，很少十全；

總求兩造五行相輔，命運相等，便無大差。

▲論小兒命及運

看男女小兒之命，與大人同。不過行運稍有區別，凡未行大運之前，好比車尚未入軌，不能決定壽夭，衹看流年好壞，若遇流年不佳，輕則災病，重則關口。查從來看小兒行運之法，男由丙寅起一歲順推，女從壬申起一歲逆推，俱屬妄談，不可取也！

終

心一堂術數古籍珍本叢刊　第一輯書目

堪輿類

謝氏地理書
地理學新義
平洋地理入門、巒頭圖解合刊
平洋地理闡秘（全彩）
華氏天心正運
地學形勢摘要
司馬頭陀地鉗
鑒水極玄經　秘授水法　合刊
地理輯要
地理辨正揭隱　附連成派秘鈔訣要
地學鐵骨秘　附　吳師青藏命理大易數
趙連城秘傳楊公地理真訣
趙連城傳地理秘訣附雪庵和尚字字金
山洋指迷
三元挨星四十八局圖說
張氏地理錦囊
青囊一粟
堪輿秘訣彙釋
風水正原
風水一書

金光斗臨經
論山水元運易理斷驗、三元氣運說附紫白訣等五種合刊
《沈氏玄空吹虀室雜存》《玄空捷訣》合刊
《玄空古義四種通釋》《地理疑義答問》合刊
王元極三元陽宅萃篇
王元極增批地理冰海附　地理冰海（原本）
地理辨正求真
地理小補（全彩色）
辨正發秘初稿（全彩色）
地理辨正翼
天機心竅等地理秘書四種合刊
李文田注撼龍經
家傳地理陰陽二宅秘斷
地理前五十段、後五十段合刊
挨星考注
地理三會集
三元山水秘密真訣（全彩色）
諸家風水選擇秘訣匯鈔
三元地學秘傳

易盤暨各派風水秘驗斷鈔
羅經解
李默齋家傳地理秘書　辟徑集　合刊
天機素書
地理辨正發微
玄空挨星秘圖　附堪輿指迷

命理類

命理大四字金前定數（全彩色）
韋氏命學講義
命理斷語義理源深
千里命稿
文武星案上下卷
精選命理約言
斗數宣微
斗數觀測錄
地星會源斗數綱要合刊（全彩色）
皇極數（1－4）
星命風水秘傳百日通
鐵板神數（清刻足本）——附秘鈔密碼表
邵夫子先天神數（1－2）
斗數演例（全彩色）
滴天髓闡微——附李雨田命理初學捷徑
算命一讀通——鴻福齊天
命學探驪集
命理用神精華（原本）
澹園命談
命理尋源
新命理探原
滴天髓微義
蠢子數纏度
先天蠢子神數
《斗數秘鈔》《紫微斗數之捷徑》合刊
命譜
徐樂吾滴天髓微義
徐樂吾命理尋原
段氏白話命學綱要
八刻分經定數
子平玄理

相法類

相法易知
相法秘傳百日通
新相人學講義
手相學淺說
神相全編正義
相門精義
大清相法

三式類

壬課總訣（全彩色）
六壬教科六壬鑰
壬學述古
奇門揭要（全彩色）
奇門大宗直旨（全彩色）
奇門三奇干支神應（全彩色）
奇門廬中闡秘（全彩色）
六壬秘笈——韋千里占卜講義
奇門行軍要略
大六壬類闡（全彩色）
甲遁真授秘集
大六壬尋源二種（上）（下）
奇門心法秘纂（全彩色）
奇門仙機（全彩色）
大六壬尋源二種
秘鈔大六壬神課金口訣
秘傳六壬課法附金口訣
大六壬指南
大六壬探源
太乙鑰
太乙統宗捷要
太乙會要
六壬經緯大全

其他類

述卜筮星相學
中國歷代卜人傳